うちの娘はAV女優です

アケミン

幻冬舎

うちの娘はＡＶ女優です

はじめに

「うちの親、この仕事を知っていますよ」

「応援してくれています」

「自分の人生だから、やりたいことをやりなって言ってくれています！」

ここ数年、そんな言葉をAV女優の口からしばしば聞くようになっていた。

AV業界用語で親に仕事がバレることを「親バレ」という。今も昔も出演する女の子たちにとってもっとも恐れられている事態である（ちなみに彼氏にバレるのは「彼バレ」、熟女女優になると「夫バレ」「子どもバレ」といったバリエーションになる）。

これまで私が見聞きした「親バレ」のエピソードとしては、家族会議が開かれた、電話で泣かれた、しばらく音信不通になってしまった、というものがメジャー。いわば「親バレあるある」だ。中には娘の仕事を知り激昂した父親が所属事務所に日本刀を持って押しかけてきた、という濃いエピソードもあった。

また最近では親が弁護士や人権団体を通じて商品の回収を要求することもあるし、裁判沙汰になり関係者が訴えられることもある。同じ業界の人間としては、その手のトラブルは見聞きするたび胃が痛くなる思いだ。

しかし、自分の娘がメディアで性行為を見せることに猛烈に怒りを覚える親や近親者の心理、「あんたたち、うちの子を一体どうしてくれるのよ！」という怒りの心情は想像にたやすい。

その一方で、前述したような「理解ある」親が存在する。なぜそんなに物分かりがいいのだろう。脱いではいない裏方の私ですら、親に仕事の話をすると否定的な態度を取られるのに。

私は、AV業界に携わるようになって13年が経つ。最初はAVメーカーの広報として、そして今はライターとしてAV業界で働き、生活の糧を得ていることを私の両親は知っている。反対はされていない。とはいえ、いい顔もされない。数年前、入籍した際には披露宴を挙げようかと考えたのだが、仕事柄、招待する人間は業界関係者も多くなってくる。親に「親戚は呼びづらい」とはっきり言われた。情けないし、悔しかった。しかし同時に「そうだよなぁ」と納得している自分もいた。「職業に貴賤なし」とはいえ、必死に頑張っていても、まったく関わりのない世界の住人には自分の頑張りがうまく伝わらない仕事を選んでしまったのだなとも思った。わからない人には到底理解しきれない業界なのだと改めて思い知らされた。

この手の思いはマンションの入居審査に落ちた際にも体験した。私に限ったことではないのだが、AV業界で仕事をしていることは賃貸物件の審査を通過する上でかなりの足かせになる。そのたびに、あぁこれが「社会の壁」なんだな、と妙な現実感を抱く。職業差別はあってはならないと思うけれど、これもまた現実として受け入れなくてはならない。そして自ら進んでその壁の向こうに来てしまったことを感じた。

そんな個人的な事情もあり、「親が応援してくれています」というAV女優の言葉にはつい反応してしまう。

え、だってそもそも「この仕事」って親には内緒でするものなんじゃないの？

それを親に話して、しかも応援してくれている、ってどういうこと？

一体、彼女たちはどんな会話を親子でしているのだろう？

反対されたらどのように説得をしたのだろうか？

そもそも彼女たちの育った家庭が単に放任主義なのか？

「うちの娘はＡＶ女優です」

そう認められる親、そして娘は、どんな関係にあるのだろう。

本書では「親公認女優」や「親バレ」を軸に、通常のＡＶ作品の中ではあまり語られることのないＡＶ女優たちの物語をゆっくりと紡いでいけたらと思う。

目次

コラム
「親公認ＡＶ女優」を生む環境の変化

親公認ＡＶ女優２
女はお金がないと強くなれない
沖田夏海（仮名）

親公認AV女優3
AV女優は今でも借金で苦しむ女性のセーフティネット
かなで自由

コラム

AV女優になれば2ヶ月で100万円を貯められるのか

親公認AV女優4

アイドルに憧れて処女デビュー

西川希美（仮名）

親公認ＡＶ女優８
ＡＶの仕事が最高の息抜き。キレイで強いビッチになりたい
成宮リリ（仮名）

コラム
性の求道者たち

親公認AV女優9

今は稼いで、いつか「普通のお母さん」になりたい

桜井あゆ

引退、親公認AV女優、桜井あゆのその後

親公認AV女優1

ギャラを親に堂々と仕送りできて嬉しい

涼木愛花（すずき あいか・仮名）

21歳　石川県出身

父、母、4人きょうだいの末っ子（姉と2人の兄）の6人家族

167センチ

スリーサイズ B88（F） W59 H87

AV女優歴3年目の単体女優

マイナンバー制度から職業がバレるのが怖い

２０１５年10月に通知が開始されたマイナンバー制度。この制度が始まるにあたってはＡＶ業界も少しざわめいていた。

「税金、これまでちゃんと払ってるかわからないんだけど、超たくさん課税されちゃうの？」

「高い住民税がきて、ＡＶ出てることが親にバレちゃうんじゃないの？」

税金と、身元がバレる「身バレ」に対する不安を女優たちから折に触れ耳にするようになった。現時点ではマイナンバーから深刻なバレ問題に発展したという話は聞かないけれど「絶対に大丈夫！」とも言えない。「ま、大丈夫でしょ」なんて言いながらやり過ごしている、というのがリアルなところだろうか。

とはいえ、少数ではあるが、それを見越して税金対策をしている女優もいる。業界３年目の単体女優、愛花もその一人だ。１６７センチというモデル並みの高身長にＦカップのくびれボディ、少しエキゾチックな顔立ちの彼女は、ＡＶファンの間で確固たる人気を誇るアイドル女優だ。そんな超売れっ子の愛花は、事務所からのアドバイスもあり３ヶ月前に個人事務所を設立した。オーナーは愛花本人、役員には両親が就任している。

「正直あまり税金のこととかわからないけど……法人化してから月に10万は父親と母親、それぞれに給与って形で渡しています」

リラックスした雰囲気で愛花は語る。Tシャツにデニムというカジュアルな装いだが、スタイルのいい美人が着るとサマになる。ナチュラルなアイメイク、控えめに唇に光るグロスが彼女の端整な顔立ちをかえって際立たせる。少し人見知りの彼女も、何度か取材を重ねるうちに、いろいろ話してくれるようになった。

外野から見ると、「親にAVの仕事を応援してもらう」というだけでハードルが高いのに、親が娘の節税に一役買うとは。どのようにしてその協力体制が確立されたのだろう。

初めてのギャラで9000円のソファーを買った

愛花がAVデビューしたのは19歳のとき。石川県出身の彼女は服飾系の専門学校進学のために上京し、1週間後にはAVプロダクションの門を自ら叩いた。

「高収入系の求人サイトを見ていたら〝パーツモデル募集〟って書いてあって。仕送りも月10万円もらっていたし、学校から近い西新宿のマンションの家賃14万円も全部親が払ってくれてたんだけど、友達と遊んだりするにはちょっとお小遣いが足りなくて。自分でもマルキューでバイトしてたんですけど、週1回くらいしかシフトに入れないし、そんなんじゃケータイ代にもならないし。マックスで月10万円、ううんそこまでいかなくていい、せめて7万円くらい余分にお小遣いがあったら最高だなと思って事務所に行ったんです。AVなんて見たことないし、有名になんてなりたくなかった。むしろ誰にもバレずにひっそりとお小遣いがもらえたらなって思ったんです」

「パーツモデル」とは一般にはCMや広告などに登場するいわゆる手タレ、足タレなどに代表されるものであるが、高収入系求人サイトではあくまでも女性を募集する宣伝文句にすぎない。パーツだけ見せて大枚を稼げるなんてことはないが、応募してくる女性たちも割のいいバイトを探しているわけなので、丁寧に信頼関係が構築され、仕事内容が明らかにされていくうちにAV女優の仕事を納得して始めることが多い。愛花の場合もパーツモデルの求人がきっかけでAVデビューをした女優の一人だ。応募してから数ヶ月後、彼女は大手メーカー専属の単体女優としてデビューした。撮影後に彼女の口座に振り込まれていたのは当初想像したよりも一桁多い額だった。その「初任給」の使い道について聞くとこんな答えが返ってきた。

「初めてのギャラですか？　えーっと……あっ！　ドンキで9000円のソファー買いましたっ。部屋はワンルームだし、そんな立派なのいらないし、とりあえず近所のドンキでいいかなって！」

　私は思わず吹き出してしまった。

「ルイ・ヴィトンのバッグ」「シャネルの靴」そんなベタなワードを期待していたのだが、彼女は一切ブランドものには興味がない。

「みんなお金って何に使うんですかね。私、お酒も飲めないし、旅行も興味ないから海外は撮影以外では行ったことないし。だから金銭感覚はAVを始めてからもほとんど変わってないですね。遅刻癖があるからタクシー使うことが増えたぐらい。いまだにクレジットカードも持ってないから買い物は現金払いだし。大きな買い物ってしたことないんですよ」

ひっそりと続けたつもりが義兄にバレる

　ブランド品を買いたかったわけでもなく、有名になりたかったわけでもない。クリエイティブな仕事やサブカルに興味があったわけでもない。ただ少しだけ他人より多めにお小遣いがほしかった。それだけ。なんとも無邪気な理由でAV業界に入ってきた愛花であるがバレは怖かった。メディア露出（いわゆる「パブ」）もAV情報誌だけ。しかしそんな欲のなさが功を奏したのだろう。彼女のデビュー作は大ヒットし、すぐさまメーカーの看板女優となった。次第に秋葉原のイベントやアイドルユニットへのオファーが舞い込み、順風満帆な女優人生を送っていた。「ひっそりと」小遣い稼ぎを始めて1年ほど経ったある日、ついにそのXデーがやってきた。

「うちのお姉ちゃん、38歳なんですけど、去年のちょうど9月……にその旦那からいきなり電話がかかってきて。すぐに嫌な予感がしたんですよね、ちょうど学校の同級生にもバレだした時期だったし。案の定『仕事なにやってるかわかったよ』って言われました。雑誌の付録DVDで見たって。なんでそんなエロ本を買ったのかツッコミたかったけど言える雰囲気でもなかったかな（苦笑）。それで、検索したらブログやツイッターが出てくるし、お姉ちゃんと一緒にTSUTAYAで作品借りて見たって言われました。あくまで笑っていて優しい口調だったけど『あっ、もう隠せない！ 絶対無理だ！』と思って白状しましたね」

AVの作品ならば、それをネタに義兄から脅され一戦を交える……なんて展開になりそうなものだが現実はそうはいかない。電話を切った数時間後、愛花は石川県に戻り、姉夫婦と対面した。

「ファミレスで2人と落ち合ったんですけど、お姉ちゃんはもうこの世の終わり、みたいな顔でコーヒーを飲んでました。会うやいなや『もうAVは、辞めなさい』って言われましたね。そして、すぐに両親に話すことになりました。そこまできたら私も辞めようと思っていたんですよね、周囲にもバレだしたし、ネットにもいろいろ書かれるし、モチベーションが下がっていたから。その足で実家に向かったんです」

AV女優であることを伝えるために両親と対峙する

愛花の生家は居酒屋を営んでいる。還暦を過ぎた両親が切り盛りするその店は、地元では通好みの店として知られている。厨房を担当する頑固で無口な父親と、フロアで注文を取る社交的な母親、そんな2人の間に4人きょうだいの末っ子として彼女は生まれた。先ほどの姉の他に20歳近く歳が離れた兄2人がいるが、愛花が生まれたときにはすでに彼らは県外で暮らしていた。幼少期は忙しい両親に代わって姉がなにかと彼女の面倒を見てくれた。

実家に帰るとまず愛花は母親と対峙した。これまでにないほどの緊張と不安に襲われながら、話を切り出した。

「お母さんは『あら、そうなんだ』っていうくらいでした、もうね、その反応にびっくりですよ」

拍子抜けするぐらいあっけない返事だった。聞くと彼女のギャラが振り込まれる口座の通帳は当時、母親が管理し、こまめに記帳をしていた。当然、定期的に大きな額が振り込まれているのに気づいていたのだという。

「『まさかAVやってるとは思わなかった』って。『キャバクラかと思った、東京だから時給が高いのかな、と思っていた』って言われましたね」

娘の口座の変化に気づきつつも1年間も母親が何も言わないとは、なにか理由があるのだろうか。振込元の名義をパソコンで検索したら一発ではないか。

「『怖くて言えなかった』とだけ言っていました。私にも、そしてお父さんにも。だからそのときはこれまで振り込まれていた金額と仕事の辻褄が合って納得した感じだったかな」

父親は現実的に契約状況を気にした

そしてラスボスの父親と対面。

「『専門学校で東京に行ったのになんでこうなった?』『一体、なにがあったんだ?』って言われましたね。ぜーーーったいに怒られると思ってたんですけどあくまで冷静。またまた私がびっくりしました」

父親は現実的だった。彼女にこの先の撮影はやめること、地元に帰ってくることを淡々と語りかけた。そして議題は事務所との契約状況に及んだ。10代の彼女には到底わからないことだ。

「契約とか全ッ然、私にはわからないから、その次の日にお姉ちゃん夫婦とお父さんと一緒に東京に戻って、事務所の人と話し合うことになったんです」

ここまで親が出てきたらＡＶプロダクションとしては、力技で押し通すことはできない。なにせ相手は未成年者の親である。いわゆる「未成年者契約の取り消し」を行える立場だ。マネージャーを含めた大人同士の話し合いの結果、その後の撮影はすべて白紙になり、彼女は仕事を辞め、地元へ帰る、そんな結論に至ったという。

やっぱりＡＶを辞めたくない

「相当病みましたね。ご飯も食べられなくなって気づいたら40キロ台ギリギリとか！　毎日ぼーっと家にいながら最初は『あー、これで辞めるのかー』って考えていたんですけど、しばらくしたら『やっぱり辞めたくない！　バレてしまったけど続けたい！』って気持ちが日に日に大きくなってきたんです。自分で言うのもなんですけど、そのころって徐々に名前も知られて、周りからも売り上げがいいって言われるようになっていたんです。しかもその次の月からは、またお給料が上がる時期だったんですよね。しかも週刊プレイボーイさんから初めてのグラビアのオファーが来たり。なんかいろいろ悔しくて、アハハ！」

きっかけこそ「効率のよい小遣い稼ぎ」で始めたAVも徐々にプロ意識のようなものが芽生え、彼女の負けず嫌いな性格を刺激していったのだろう。

「撮影をお休みしている間も知ってるAV女優の子が現場やイベントの様子をツイッターにアップしているのを見ていて、『自分のファンが他の女の子のところに行ったらどうしよう』っていう焦りもあった。せっかくできたファンなのに。絶対にツイッターなんかじゃそんなことは言わないけど。で、よく考えたらそのときってもう数ヶ月したらハタチの誕生日になる時期だったんですよ。『20歳になれば自分の意思でAVに出られるから、親が反対したってAV出てもいいんじゃないの!?』って思うようになって。それからすぐに事務所の担当マネージャーに掛け合いました」

しかし事務所からの回答はあくまでも父親との約束を遵守する、というものだった。個人的には非常にまっとうで常識的な対応だと思う。いつ変わるかわからない若い娘の気分で親の心情を逆なでし、万が一、訴えられたらたまったものではない。

「もうね、私もその時期アタマおかしくなっていたから『事務所がそんなこと言うなら他の事務所に移籍してAV続けてやる!』とか言い出したんですよね。ワケわからないですよね。で、見かねたマネージャーが『ちゃんと話し合わないとダメだよ、今度は自分たちが実家に行ってもう一度話そう』って言ってくれたんです」

親に辞めろと言われても、事務所に反対されても、自分がやりたいと思ったことはやりたい！　19歳の「金の卵」が一度言い出したら、周囲の大人は動かざるを得ない。

最後の切り札をちらつかせ親にAV女優復帰を直訴

開店前の居酒屋のテーブル席で両親と愛花、そしてマネージャーの4人が再び対面した。普段は常連客で賑わう店内もそのときばかりは張り詰めた空気が漂っていた。

なぜ復帰したいのかと問いかける父に対してこんな風に答えた。

「『やれるところまでやってみたい。迷惑をかけるだろうけどお金のことに関しては全部自分でやっていく。それでもダメなら親子の縁を切ってもいい』。そこまで言っちゃいましたね」

するとと父はこう言った。

「『もうすぐお前も20歳になるし、反対したところで押し切ってお前はAVをやるだろう、それなら同じ事務所で続けなさい』って。理解している気持ち半分、仕方ないなという諦め半分みたいな。その時点で10本以上DVDが発売されていたからそれを全部、回収できるわけじゃない、そんなセリフも覚えています」

娘のAV復帰を認めるのは、甘い親？ 親の覚悟？

なんともスムーズな親公認劇に、聞いている私のほうが驚いた。そして一旦、父親のOKが出たら母親や他のきょうだいも彼女の仕事を認めるようになったという。

「決して亭主関白ってわけじゃないけど、お父さんがいいよって言ったらみんなそれに従うって感じなんですよね、うちの家って」そう彼女は苦笑いする。

「甘い親」と言えばそれまでだが、娘をこう形成したのも自分、そんな覚悟が父親にはあるのかもしれない。

「それまで私、お父さんとちゃんとしゃべったことがなかったんですよね。居酒屋という仕事柄、お父さんは夜遅くに帰ってきて私が学校行くときはまだ寝てるっていう生活だったから。人生で初めて真剣な話をして、自分の意見を伝えたのがこのときだったんですよ」

進学、就職、結婚。人生の節目節目で多くの人間は親と対峙する。親心と子どもの自我がぶつかり合う場面も少なくない。ふと私は彼女が進学で上京する際には親子でどんな話をしたのか気になった。

「東京の学校に行きたいと応募要項を見せたらお父さんは即反対したんです。だから私もキレて、引きこもってしまって結局、お姉ちゃんが父親に話してくれたみたいで。お姉ちゃんは昔、東京に行きたかったけど行けなかったから、『この子くらいいいんじゃないの』って口添えしてくれたんです。東京に行くときも反対されたらキレて引きこもっただけ……やりたいこととか自分の気持ちをそれまで親にぶつけたことなかったからそれが伝わったのかなって思っています」

私自身の19、20歳のころを振り返ると「やりたいこと」なんて毎日違っていた。その日は「絶対にやりたい！」なんて言っても次の日には「やっぱりそっちじゃなくてこっちがいい」とコロコロ意見が変わっていた。自分の可能性は無限だと思っていたから。そしてそんな秋空のような娘の気持ちを一旦でも引き受ける親心、それが諦めなのか包容力なのか愛情なのか私にはわからない。自分ではどうにもできないことを受け止めること、それは私にはまだまだできないことだ。「子どもを産んで一人前」あまり好きな言葉じゃないけど、それが当てはまることも世の中、あるのかもしれない。

個人事務所から親に10万円の給与を払う

「お母さんには『お父さんの背中が寂しそうだったよ、厨房でフライパンを振る位置が下がりっぱなしだよ！』って言われたけど。お父さんも受け止めるのには時間がかかったんでしょうね。ただそれをきっかけにお母さんが携帯を買って、それまでよりずっとマメに連絡するようになりました。うちiPhoneもパソコンもなかったから。ま、だから最初からネットでバレる心配がなかったんですけどね。今はお父さんには税金の話を相談することが多くて、よく電話で話すかな」

その仲の良さは私まで羨ましくなる。そして母親は彼女が年始に出た地上波のバラエティ番組の録画を暇があれば繰り返し見ているという。「私が帰ったときもずーっと嬉しそうに見ているんですよ。『一体、何回見たら気が済むの!?』って言っちゃいました、キャハハ!」

そしてこう続けた。

「法人化して『給与』って名目でたった10万円ずつしか親にあげられてないけど、本当は最初から仕送りはしたかったんですよ、でもいきなり送ったらバレるじゃないですか。だから堂々と親に渡せて嬉しい。でもね、親もそれを使ってなくて私の名義の口座に貯めているみたいで。もうなんのために仕送りしてるのって感じですよねーっ、パーッと使ってくれればいいのに!」

甘えるような口調と明るい笑顔で愛花は話し続ける。

「あと10万円、お小遣いがあれば」

そんな思いで始めたバイト感覚のAV。けれど結果、さほど散財もせずに親に仕送りするという金銭感覚はなんだか掴みどころがない。

最後に質問をぶつけてみた。

――彼氏にはAVの仕事ってどう言ってるの？

「今は、本当にいないんですけど……本当にねっ！　でも東京に出てきてからそういう関係になる人はみんな最初からAVのこと知っていたし、中にはAV好きの人もいたしなあ。だから仕事が原因で男の人と揉めたことはないですよ！　ただ反対する人は無理かなあ。だからといって男優さんとかハメ撮りをする監督さんとは絶対に付き合えないっ！　あーもう私、本当ジコチューーですよね〜アハハ！」

――もし自分が親になったとき、子どもがAV女優になりたいと言ったらどうする？

「うーん、私の立場からして反対はできないなー。あーでも親になったらどうなんだろう？　だって今の業界、このままだったらいいけど、あと何年かあとってどうなってるかわからないし……私だったら娘の現場に心配で一緒に行っちゃうかも！　絡みはどんな男優か、撮影時間はどれぐらいなのかって細かくチェックしちゃう。娘にはあくまでプレイはノーマルで済ませてほしいですね、なんかステージママみたい、アハハハ！」

コラム

「親公認AV女優」を生む環境の変化

親公認AV女優は増えている？

「はじめに」にも記した通り、日々の取材をしている中でAV女優たちの口から「応援してくれています」「うちの親、この仕事を知っていますよ」という言葉を聞くようになったことがきっかけで、「親公認AV女優」について書くようになった。そもそも実際にこのような「親公認AV女優」は増えているのだろうか？

単体女優をメインに扱うプロダクションのベテランマネージャーに聞くと、

「増えていますよ」

という答えが返ってきた。

「そもそも周囲にこの仕事がバレる確率が増えていますから。ネットもない時代はメディアに出ない『パブゼロ』（パブリシティゼロ）でもAV女優の活動はできた。でも今は通販サイトやメーカーのホームページ、まとめサイトもあるので露出は不可避です。アイドル活動をさせることで知名度を上げて売り上げを伸ばしていこうという流れもありますし。もちろん事務所側やメーカー側も露出する雑誌や媒体を選んで、個々の露出調整はしますけど、ネットはもはや打つ手ないですよね。もちろん親バレしてAVを辞める子は圧倒的に多いです。親バレした子のうち7〜8割は辞めていきます。特にデビュー間もない子の引退の多くの理由は『親バレ』ですし」

親バレはむしろ不可避だ。そしてその中でバレの修羅場をくぐり抜けた者がAV女優となっているといっても過言ではない。

「親が積極的に応援するか、娘のことを仕方ないと放任するかはケースバイケースですが、『親がこの仕事を知っている』『知られても大丈夫』という土台を持つことが今の時代は売れるために必要な要素かもしれません。『公認が増えてきた』というより『公認であることが必須になってきた』のでしょうね」

別の老舗AVプロダクションのスタッフに同様の質問をするとこんな風な答えが返ってきた。

「親公認でAVをしている子の数が100人から1000人にイッキに増えているなんて現象はないと思います」

「そもそもAV女優の競争が激化している今は限られた子にしか仕事が回ってこないんです。昔はAV女優が100人いたら、その100人全員に仕事が回ってきた。でも今は100人中、50人にしか仕事がない……そんな感覚でしょうか。その50人の限られた売れっ子っていうのは、容姿、スタイル、プレイ内容の幅、スケジュールの融通性、諸々の条件が揃った子です。かわいいだけ、胸が大きいだけじゃ仕事はこない。その条件の中には当然『親バレしても大丈夫』というのも入っています」

競争の激化によって一部の女優に仕事が集まってくる。条件が揃った「売れっ子」と呼ばれる女優にはネットやテレビ、イベントなど露出の機会が増えたことによって、かつてとは比べものにならないほど強い光が当たるようになった。我々が「AV女優」として認知するのは、そんなごく限られた強い光の当たるトップ女優たちで、彼女たちの多くは親公認である。

「だからといってその他の、つまり光が当たらない女の子たちを含めた全体から見ると、決して親公認女優の数が増えているわけじゃないですよ。実際には、親にバレてすぐに引退してしまったり、なかなか言い出せないまま仕事を続けていたり、辞めたと嘘をついてやり過ごしている女優もいっぱいいますからね」

一部の売れっ子女優のケースがすべてにおいて適用されるわけではない。ただその光の当たり方が強まっていったというわけだ。仕事量の増加とメディア露出が比例した結果、親バレが起こり、さらに親公認となるのか、それとも親バレを恐れぬ女優が多くのメディアに登場し、知名度を上げた結果、仕事が増えていくのか……卵が先かひよこが先か、といった感じである。

AV女優よりも親が変わった

一方、彼女たちを「公認」する親自体には、これまでと何か変化があるのだろうか？

〈親公認AV女優1〉に登場した愛花は親バレをきっかけに一度は引退したものの、業界への未練や周りの女優の人気への焦り、持ち前の負けず嫌いな性格から復帰。彼女をなだめようとする事務所のスタッフには「そんなこと言うなら他の事務所に移籍してAV続けてやる！」、両親に対しても「それでもダメなら親子の縁を切ってもいい」というセリフを放っている。それらは半ば脅しに近い。恋人から別れを告げられると「別れるなら、今すぐ死んでやる！」と自殺をほのめかすメンヘラ彼女と似たノリである。愛花自身、本当に他事務所に移籍するつもりがあったのか、親子の縁を切る覚悟があったのか、今となっては確かめようもないことであるが「自分の意志は、なにがなんでも通したい！」というワガママさも伝わってくる。

「公認はありがたいけれど、子どもをコントロールできない親が多いのかな、と思います」

前出のベテランマネージャー氏が語る。

「何か親が反対すると子どもが逆上する。そうして連絡がつかなくなったり、トラブルを起こしたりするなら、一旦は認める。『AVをやらせたほうがマシ』というパターンですね。子どものほうが立場が強く、親が言いなりになってしまうケースも多いですよ」

子どもの機嫌を損ねてもいけない、というわけだ。愛花はAVを始める以前、上京する際にも親の反対に遭ったがキレて引きこもるという実力行使に出た。いわば力ずくで反対を押し切った前歴もある。

「AVをやらせたほうがマシ」という親の考えは逆上を恐れているだけではない、と同氏は続ける。

「AV業界に足を踏み入れる子の中には精神的に不安定な子もいる。月曜日から金曜日、朝9時から夕方5時まで決まった時間で働けないという子も多いんです。精神科に通う必要がある子もいるし、病名はつかなくても社会性が欠如しているタイプの子もいっぱいいます。これは高収入系の仕事に共通して言えることですけど、そんな子でもこの手の性産業だったら週に数回働けばそれなりの生活ができてしまうわけです。親から見ても『何もしないで自宅に引きこもるよりマシ』ということでしょう。ただ不安定な子だと結局、この仕事も続けられず途中で辞めてしまうことが多いですけどね」

一方で両親の猛反対によって半ば強制的にAV業界から去っていく女優も多くいる。中には実家のある地元にUターンを余儀なくされる、両親としばらくの間、海外で生活をすることになる、そんな強硬派の親の話も聞く。未成年の場合、メーカーに親が問い合わせ、商品の回収を迫り、中には人権団体に駆け込む事例もあるという。

「今は情報も豊富なので、回収は20年前に比べたら増えましたね。以前は親も『そんな仕事を勧める事務所は、けしからん。でもそこで話に乗ったうちの娘も悪かった』そんな風に捉える流れがありましたね。『うちの子にも責任はある』というどこか『お互い様』という感じです。だから親バレで引退になっても回収騒ぎにはならなかったですよ」

これまで幾度も親バレのトラブルを引き受けてきた老舗プロダクションらしくマネージャー氏は当時を振り返る。

「ただ最近は『うちの子にこんな仕事をさせた事務所やメーカーが悪い！』という一方的な言い分です。女の子というよりも親が変わった」

当然ながら女性を騙して出演契約をさせる、違約金を盾に脅すなどの行為は法的にも社会的にも罰せられなくてはならない。未成年の場合、親が全面的に事務所やメーカー側と対立することも避けられない。しかし親が娘の仕事を全否定し、強引に辞めさせたところで、親子の信頼関係が回復するわけでもないのは明らかである。

「女優さんたちにとって、AV女優になると決めることって人生で一番大きな決断になると思うんです。結婚は伴侶となるパートナーがいる、受験や進学は親が大抵の場合、相談に乗ってくれる。でもAV女優になるときは誰も助けてくれない。あるのは自分の答えだけ。人によったら死ぬまでに下す一番大きな決断になりますよね」

単体作品を数多く手がけるAV監督・南★波王《みなみはおう》氏が語る。最近では毎月5、6本ほど新人デビュー作の撮影を手がけているという。

「『あなたは、わざわざ来なくてもいいところに来てしまった。ここからは大変だよ。ただ一歩でも踏み込んだらこの世界は1回出るのも100回出るのも同じ。一生残るし、それをキレイなものにするか消したい過去にするかどうかは自分次第だから』。そんな話をよく現場でしていますよ」

進むも辞めるも自分次第。一度選んだAV女優という職業は、どんな仕事よりも覚悟が問われる。

「『今の子』ってひとくくりにしてしまうと雑ですが、やっぱり裸になる抵抗感は減っているのを感じます。だからこそ僕の現場では脱ぐ意味を考えてもらいますね。特に初脱ぎのシーンは勢いだけで終わらないよう考えています」

結婚や進学、就職、転職……人生には数々の選択を迫られる場面があるが、「一旦自分が世に放ったものは元通りにならない」という意味ではAV出演は出産に似ている気がする。

産んだ我が子を再び胎内に戻すことはできない。いくら出演後に回収や発売の差し止めができるとはいえリセットはきかない、なかったことにはできない。それによってかえって以前よりも多くの注目を浴びることもある。女性一人の体から「生み出す」こと、それによって引き起こされる本人の意志と覚悟の必要性を今、改めて感じている。

親公認AV女優2

女はお金がないと強くなれない

沖田夏海（おきた なつみ・仮名）

25歳　神奈川県出身

父、母、姉の4人家族（現在父親は絶縁中）

153センチ

スリーサイズ B83（E） W58 H84

AV女優歴5年目の企画単体女優

私はAV女優になるために生まれてきた

「私ほど環境が整っている女優っていないんじゃないかな～。親も彼氏も今の仕事、応援してくれているし。周りに恵まれすぎていて、自分ってAV女優になるために生まれてきたのかなってつくづく思うんですよー！」

大きな口を開け、ホワイトニングが施された歯を見せては笑う。彼女が笑うたび、肩にかかった巻き髪がゆらゆらと揺れる。夏海は25歳。デビュー5年目の企画単体女優、いわゆるキカタン女優だ。

153センチの小柄なボディにEカップの美乳、アイプチではあるが二重の大きな目、色白の肌、その愛くるしいルックスでデビュー当時はロリ系で売り出した。近年は定番のコスプレものや潮吹き、レズもの、はたまた凌辱ドラマや中出しなどハード作品にも出演している。最近ではその経験と演技力が評価され、若妻役のオファーも増えてきたという。実際に取材すると私が聞きたいことを常に的確に返す地頭の良さを感じる。けれどいざ面と向かって褒めると茶目っ気たっぷりに謙遜する明るくタフな女の子、それがAVライターとして私が受ける彼女の印象だ。

そんな彼女の親や彼氏はデビュー当時から彼女の仕事を認め、応援しているという。彼女の周りはなぜそんなに「物分かりがいい」のだろう。いや、物分かりのいい環境に恵まれているから、こんなにも屈託なく笑い、数多くの現場をこなしていけるのだろうか？

AV女優になった表向きの動機と本当のきっかけ

「私、AVを始めたきっかけって表向きには『エッチなことに興味があって自分から事務所に応募した』ってなってるんだけど、実は18歳のときからやっていたライブチャットの会社の社長さんに声をかけられたからなんです。最初は全然興味なかったけど、何度か誘われてやってみようって思って。チャットはもちろんエロ系、あくまでもお金のためでしたね。私、お金大好きなんで！　使うのが好きなんです。ご飯行ったり、タクシー乗ったり……パーッと使ったほうが楽しいじゃないですか！」

そういう割に彼女は一切、ブランドものを身につけていない。下戸と公言している彼女は、女優仲間と飲み歩くこともないという。一体、何に使っているのだろう？　発言と実態とのチグハグさに疑問符が私の脳内をめぐった。

夏海は神奈川県で生まれ育った。救命救急士の父とパートで働く母、4歳上の姉の4人家族だ。両親が40歳を過ぎて彼女は生まれた。

「もともと、家が裕福じゃなかったんですよ。いっつも親同士がお金のことで喧嘩していて」

彼女が中学生のとき、父親が痛風で膝を痛め、離職した。その後、警備員やバスの運転手などの職に就くも収入は激減。それまでの安定していた一家の暮らしは一変した。

「父親は救命士の仕事を辞めてからも、生活費はお母さんに渡していたみたい。でも私や姉も学生だったし、どうしてもそれじゃ足りなかったんだと思う。だから2人とも常にイライラしてた。『家にお金がない』とお母さんが嘆くと『俺はちゃんと金を渡しているだろ』『お前がしっかりしないからだ！』って口癖のように父親は言っていました。で、すぐに怒鳴りだす。暴力ですか？　ああ、もうそれは日常茶飯事ですよ。言い返すとエスカレートするのがわかっていたから私は無言で耐えてましたね」

父親は逆上すると姉妹をよく叩いた。だが幸いにも大事に至ることはなかった。

「うちの父親、変に頭がいいんですよ。殴るときもあえて見えないところを殴るんです、顔は避けて頭を殴るとかね。だからヨソからは気づかれない。お金がないレベルにしてもそう。役所に行って生活保護を受けるほどじゃないし、世の中、もっと悲惨で大変な人もいる。暴力も貧乏もぜーんぶ中途半端なんですよ。お金がなくても母親には『やりくりしろ』そればっかりだし。絶対に悪者になるのはお母さんとお姉ちゃんだったんですよ。『お前は馬鹿だ』『子どもたちがそうなったのは全部お前のせいだ』そう父親はいっつもお母さんに言っていて。それを聞いて『お金ない人って惨めだな、絶対にお金あったら親はこんなことで喧嘩してなかったのに』そんなことばかり思ってましたね」

配偶者の金銭的な自由を奪い相手を追い詰めていく。生活費を与える者ともらう者、二者の間には上下関係ができあがり、前者は後者を支配する。これは経済的なＤＶだ。夏海の母親は愚痴を言いながらも姉妹には明るく優しく接してくれた。

「うちのお母さん、こっちが不思議になるほどポジティブな人なんですよ。小さいころには『言葉は言い換えるだけで印象が変わるんだよ』そんなことも教えてくれましたね。私が『あの人、キモい！』って言ったら、『あの人は近寄りがたいオーラがあってカッコいいって言いなさい』ってたしなめてくれる、そんな人。お金に関しても『ないけどなんとかなる、大丈夫！』一事が万事そんな感じ。だから私、大好きなんですよ、お母さんのこと」

取材中、彼女は最後まで母のことは「お母さん」、父のことは「父親」と言っていた。「お父さん」と言いたくない、そんな気持ちがこのことから伝わってきた。

父の暴力とお金のない家。母を守りたい

「お母さん大好き」と公言する夏海だが、高校2年のときに家を出た。大学に通う姉がウツ病になり、家にはお金もない、両親は喧嘩ばかり……当時の彼女には限界だった。

「もうここにいたらダメになるって思って」

行き先は仲の良い先輩の友人の家。転がり込んだ居候先から高校に通った。実家には、ほとんどすべてのものを置いてきた。アルバムや家族との思い出の品など持って行きたくない。

「死に物狂いでしたね」

普段はカラオケ店でバイトをし、夏にはプールの監視員などのバイトに明け暮れ、月6万～7万円の収入で生活費はやりくりしていた。当然、彼女の家出を知った父親は激昂したが彼女は謝ることも、帰ることもしなかった。

「家を出てからもお母さんとは週1回は外で必ず会っていました。あの家で生きていけるか心配だった。もしかしたら父親に殺されちゃうんじゃないかって思っていたし。お母さんは『離婚できればいいんだけど、お金がないから離婚できない』そう何度も謝られましたね」

「うちはお金がないから」

「もっとお金があったら」

思春期の彼女はお金がいかに重要か、誰よりも強く感じていたに違いない。金というものが、どれだけ人間の心に影を落とすのか未成年の時点で痛いほど知っていた。そんな彼女には反抗期はなかったという。

「反抗しているどころじゃなかったんですよ〜。アハハ！　それどころか物心ついたときから母親は守らなきゃいけない存在というイメージが強くて。お金があれば離婚できるのに、お金がないからこれからも虐げられていくのかな、だったら私が守ってあげなきゃ、そう思うようになって」

彼女の恨みはすべて父親に向けられており、母親に対する恨みはないのだと言う。

「女の人はお金がないと強くなれない。男の人に頼らなければ生きられない、自分はそんな風にはなりたくないと当時から思ってました」

ベテランAV女優の顔と素の顔が行き来する

高校を卒業し、夏海は都内で一人暮らしを始めた。物件は中野駅から徒歩15分、築40年の1Kマンション、エレベーターなしの5階。家賃は6万円だったという。

「最初はカラオケ、コンビニ、居酒屋でバイトしてました。で、昔から服飾に興味があったので、一度アパレルの会社に就職したんです。月給15万円もいかないくらいだったかな。正直、ベッドも買えなかったし、生活はカツカツ！　お給料日前の2週間は、もやしを茹でて塩かけて食べてました！　あ、でもそんな暗い話じゃないんでシンミリしないでくださいねっ」

プロとしての顔と「本名の彼女」が幾度も行き来する。確かにこの手の貧乏エピソードは書き手によっていくらでも悲壮感を「盛る」ことができる。経験からか、本能からか、彼女はそれを知っているのだろう。

「でもねえそれほど苦労してないの、うふふ。もっと苦労している人もいるから私なんてあまちゃんって言われちゃいますよ。ま、生きているから結果オーライですよね！」

当時を振り返り少し暗くなった表情に自ら気づき、声を上げて彼女は笑った。家には戻らない、けれど立ち行かない生活から抜け出すため、高収入系求人サイトで見つけたライブチャットのバイトを始めた。18歳の夏のことだ。

「とりあえず100万円貯めるぞ、って決めたんです。それが私の中の一番の目標だった。100万円なんて普通の人が手にできる額じゃない、そう思っていたんですよ、夜9時から朝5時まで出てました。そしたら100万円って案外すぐに貯まっちゃって（笑）」

「100万円あるから大丈夫」

貯金が彼女のお守りだった。

「今も『お金は使うためにあるんだよ～』と言われるんですけどね。私にとって貯金することって使うのと同じくらい楽しいことで、なによりの安定剤なんです。お金への執着ですか。それはすっごくありますね。世の中で一番、執着しているのってお金かもしれない。お金さえあればなんとかなる、そう思っている部分も否定できない。あまり表には出さないけれど。ぶっちゃけ楽しいかどうかはその次です」

ブランドものを買い漁ることも、酒やホストに溺れることもない。質素に真面目に仕事をこなす彼女の堅実さの原点に触れた気がした。そしてそんな安定剤を得た彼女の心には「余裕」ができたという。

「このころからお母さんが大変そうなのに目が向けられるようになって仕送りを始めました。といっても月1万円、どんなに頑張っても5万円でしたね。全然えらくないですよ！　仕送りをしているってことが私にとって罪滅ぼしなんです。『私は自分で稼いだお金をお母さんに渡せるぐらい独り立ちできてるんだ』って自分に言い聞かせてる、それだけですよ」

そんな時期にAVに誘われた。

拍子抜けするほど物分かりのよい母

「ＡＶに関しては、お金じゃなかったんです。ライブチャットで貯金はあったし、それで稼げるってわかっていたから。だから『ＡＶで有名になって稼いでやる』って気負いはなかった。楽しいことがやりたい、というのがあって……あとは……エッチなことに興味があって」

「エッチなことに興味があって」。よく聞くＡＶデビューのもっともらしい回答だ。半ば肩透かしにあったような気がするのも束の間、これまで彼女の口から語られることのなかったセリフが待っていた。

「そのころ自己嫌悪に陥ることが多かったんですよ。『今、貯まっているお金は、自分のカラダを売って、稼いだお金だからキレイなお金じゃないよな～』って思うことがあって。そしたら『とことん堕ちるところまで堕ちてみようかな』って思ったの。良くも悪くも捨て身だった。お母さん以外、守るものなんて何もないし。守るものがないからカラダ張って楽しそうと思えることをしたい、貯金があるし、今ならいくらでもカラダ張って稼げる、そう思ったの」

「楽しいことをしたい」そんな前向きに見える言葉の裏には、「堕ちるところまで堕ちてみよう」そんな自暴自棄ともいえる思いが複雑に絡み合っていた。しかし母親には「AVの仕事をする」とはすぐには言えなかった。

「お母さんには『グラビアの仕事をやろうと思って』って濁して伝えたんですよ。嘘だけど、完全に嘘じゃないギリギリのライン。そしたら『いいんじゃない』って言ってくれて」

どことなく元気のない娘を案じてか、その数週間後に母親は夏海を食事に誘った。場所は中野のファミレスだった。夕方、店内は学生で賑わい、母親の前にはカルボナーラが、彼女の前にはカレーライスの皿が並んでいた。

「その日もAVの仕事についていては言うつもりなかったんです。でもお母さんの顔を見た瞬間に泣けてきちゃって」

その風景を思い出したのか、彼女の目からハラハラと涙が出てきた。しかし数秒後には「うわああ〜ん、ティッシューぅ、持ってないよお〜。アケミンさん持ってますかぁ？」そんな風におどけて私に甘えてくる。本当にどこまでも気丈な女の子だ。

「お母さんには泣きながら『ごめんなさい』って言いました。お腹を痛めて産んだ子が自分のカラダを売ってるなんて到底、認められることじゃないし、お母さんにも絶対に泣かれると思っていました」

しかし母親の反応は極めて冷静なものだった。

「なんでその仕事を選んだの？」「アパレルの仕事はどうしたの？」そう優しく彼女に問いかけた。

「『アパレルはもう興味ない。今、興味あるのがその業界のことなの』そんな風に言ったかな。ただ『お金がないわけじゃないよ』ってそこはキチンと言いましたね」

拍子抜けするほど物分かりのよい母親の笑顔。しかしその笑顔には「なんでそんな仕事をしなきゃいけないんだろう、この子は」そんな悲しみも滲んでいたように彼女の目には見えたという。

「私、ちっちゃいときから一旦言い出したら誰の言うことも聞かない子だったんですよ。『この木に登る！』って言い出したら『危ないわよ』と注意されても絶対にてっぺんまで登る子だったし。その性格をわかってくれてたからかな。多分そこで止められても、泣かれて反対されても、（AVの）仕事はしていたと思う。そこまで見通したお母さんだからきっとそんな反応だったんじゃないかな。あとは私としても始めたばっかりなのに『親に反対されたので辞めます』とは、どんな仕事でも言えないですしね」

一息ついて彼女は続けた。

「ことあるごとにお母さんには謝られるんですよ。だからお母さんとしても後ろめたい部分もあるのかなって思うんです」

デビューしてしばらく経ったころ、母親に借金があることがわかった。生活のため家族に内緒で借金を重ねていたのだという。そしてその返済のため、現在は還暦を過ぎた体に鞭うつように朝晩、ターミナル駅で清掃のパートをしている。そんな母親を見るのは忍びない、そう思った彼女は現在、月に15万円の仕送りをしているのだという。

「借金の額も教えてくれないんだけど……正直、私が代わりに全部払ってあげたいって思いますよね」

母親と娘、互いに抱く申し訳なさと優しさは聞いているだけで苦しい。「もっとまともな職につけば」「誰かに相談すればよかったのに」「そもそもそんな夫と早く別れないから娘が苦労したんだ」。父親ではなく、母娘を非難する論調も世間にはあるだろう。しかし生き延びるため必死な彼女たちに、そんな自己責任論やきれいごとが正解だとは思えない。

ちなみに彼女たちを悩ませた「元凶」とも言える父親は一昨年、行方不明になった。しかし家族は捜索願を出さなかったという。「千葉の房総半島に一軒家を買って暮らしている」そんな噂が親戚づてに聞こえてきた。それだけだ。

「父親が失踪したと聞いて『やったー！　これで実家に帰れる』ってまず思いました。ただ一軒家を買ったという話には『お金あったんじゃん！』『あの貧乏生活はなんだったの⁉』って殺意が湧きましたよ。きっと自分でこっそり貯めてたんでしょうね。でももう縁が切れたからいいやって。今は家族、女3人でめちゃくちゃ平和ですね」

母への優しさと後ろめたさ

そんな彼女に「もし将来、結婚して娘ができて、その子が『AV女優になりたい』と言ったらどうする？」そう私は聞いてみた。

「子どもは作る気ないです。こういう仕事をしているから子どもに負担をかけたくない。ただ何かのきっかけで私も産みたいって思うかもしれないしなあ。そしたら多分お母さんと同じ反応をすると思います。楽しさを知っているから強くは止められない。でも応援できるかどうかは正直わからないですね、この仕事の楽しさと同時に辛さも知ってるから。だって女性として恥ずかしい仕事をしているのは事実じゃないですか。『AVだって立派な職業、エンターテインメントですっ』なーんて表向きは強がって言ってるけど、実はそこまで図太くなれてないですね。やっぱり自分の子どもがこの仕事をしたいって言うのを想像すると難しいところはあります」

割り切れなさはいまだ残る。

「他の女優さんはどうかわからないけど、私はお母さんに対して後ろめたい気持ちもあるし、恥ずかしい仕事をしているという自覚もある。吹っ切れてないかな。でも一旦、この業界に足を踏み入れちゃったからには『自分が納得するまで頑張りたい！』そんな欲が出てきちゃったのも事実。今さら、辞める気もないし、辞められないですね」

そこまで吐き出すようにして、また彼女は女優の顔に戻った。

「でもやっぱ私、お金、だ〜い好きですっ!!」

親公認AV女優3

AV女優は今でも借金で苦しむ女性のセーフティネット

かなで自由（みゆ）

22歳　兵庫県出身
父、母、弟、妹の5人家族
156センチ
スリーサイズ B87（G） W58 H91
2015年にデビューした企画女優

「両親が大好き！」とブログに書くAV女優は親公認なのでは？

今やAV女優にとっても欠かせないSNS。ひと昔前はブログがメインであったが、今は即時性のあるツイッターを並行して使うことが多い。撮影現場のオフショットから最新作やイベントの告知、プライベートな話題まで提供する。また新人ベテラン問わず、時間があればファンからのリプライにこまめに返事をする女優も多い。もちろんSNSはノーギャラだし、ノルマもない。個々人のSNSへの適性とやる気が如実に表れる。

ある日、ふとした私のツイートに反応してくれた新人女優がいた。嬉しいことにこの連載も読んでくれているという。彼女の名前は「かなで自由《みゅ》」、新人企画AV女優だ。私はそれまで彼女の名前は知らなかったのだが、そのやりとりがきっかけで彼女のツイッターやブログを見るようになった。そこにはファンへのリプライはもちろん、毎日夜には「おやすみ」と微笑みかける自撮り動画を投稿、ブログでは写真と文字のバランスのよい記事をほぼ毎日更新している。

常に前向き、毎日が新しい発見の連続！といった内容のブログからは「この仕事が楽しくて仕方ない」そんなAV女優像が浮き彫りになってくる。また実家の話もときおり出てくるのだが、それらはとても穏やかで幸せな家族の様子を伝えている。彼女のブログをしばらく読んでなんとなくほっとした気分になったと同時に私の「親公認センサー」も働いた。「両親が大好き！」とブログに公言できる子は、きっとAVの仕事に関しても認めてもらっているのではないか、と。早速、かなで自由に取材を申し込んだ。

取材当日、事務所の打ち合わせ室で自由と対面した。黒髪のストレートヘア、明るいニットにショートパンツ、背中にはリュックというカジュアルな装いだ。肌は透き通るように白く、ニットからは細く長い首筋が覗いている。またショートパンツから覗く少し筋肉質な脚とたるみのない膝がその若さを物語っている。

自由は2015年の春、AVの仕事を始めた。大人数の共演ものやオムニバス作品に出演するいわゆる「企画女優」である。取材時には、まだピン（単体）の作品は数えるほどしかない。その若さとビジュアルをもってすれば2000年代初頭なら単体デビューできただろうに。現在のAV業界の競争の激しさを改めて目の当たりにした。

「いつも連載を読ませていただいてます。私も親公認なんですけど、私以外に親バレしている女優さんに会って話を聞いたことがないので、他の女優さんはどんな感じなんだろうってすごく興味があったんです」

ハキハキと自由は話し始めた。関西弁のイントネーションが可憐な外見と似つかず、かえって親近感を覚える。

「私、今、すごく両親に応援してもらっているんです。ブログもツイッターも毎日、親が見てるんですよ。弱気なことを言ったり、ちょっとサボったりするとすぐツッコまれます。あと今、CSの番組に出ているんですけど、放送のあとには『あのコーナーは、こうしたほうがよかったんちゃう!?』『どうしてあのタイミングで服を脱がへんかった？』とかアドバイスやダメ出しのメールがくるんですよ〜！」

クレジットカードと奨学金で借金のスパイラルへ

自由は22歳、AVの仕事を始めるまでは地元の兵庫で家族と同居し、OLとして働いていた。大手食品メーカーで正社員として採用され、データ管理の業務を任されていたという。

「AVは自分から応募しました。お金に困っていたのが一番の理由です。もともとDMM.R18でサンプル動画はよく見ていたし、好きな女優さんもいたので業界自体には少し興味や憧れもあって」

OL、しかも実家暮らし、金銭的に困るとは一体、何があったのだろう？

「魔法のカードにヤラれた感じです（苦笑）。私、ストレスがたまると食べ物か買い物に走っちゃうんです。この仕事する前にいろいろたまっていてカード使いまくっちゃって。全身脱毛のローンが月３万円、それに買い物、服とかバッグとかで支払いは月10万円くらい。一番高い買い物はグッチのバッグ、20万ちょっとしたかな、まだリボの支払い終わってませんけど。あと私、高校と短大に進学するのに奨学金を一種と二種、両方借りていたので結構その支払いも大きくって。奨学金の返済は月４万円かな。普通、奨学金を返済するだけでも結構大変なのに、そこに脱毛のローンとクレジットカードの支払いが加わってしまったから……もうやばいやばい！ってなって」

当時の彼女の給料は手取りで17万円。確かにそこから奨学金、ローン、月々のクレジットカードの返済をすると手元にはほとんどなくなってしまう。イライラした気持ちに突き動かされるがまま買い物をしたくなることは私も数えきれないほどあるし、実際に衝動買いをしてしまったこともある。店頭にうやうやしくディスプレイされ、ため息まじりに見つめていたあのバッグが、カードを切ったその瞬間に自分のものになる。その束の間の恍惚感たるや。それにしても収支のバランスが狂うほど自由を買い物に駆り立てたストレスとは一体、なんだったのだろう？

「お金がない、というのが一番のストレスでした。昔から親には一切お小遣いももらったことないし、スーパーに行っても『お菓子買って』なんて言えない子でしたね」

ずっと「うちにはお金がない」と言われていた

兵庫県で生まれ育った自由の実家は5人家族。今年43歳になる父親は福祉施設でケアマネジャーとして働いている。45歳の母親は専業主婦、3歳下の弟と、16歳下の妹がいる。

「今のお父さんはお母さんの再婚相手、私が中2のときにやってきました。本当のお父さんは浮気が原因で私が小3のときに離婚して、再婚するまではお母さん、昼も夜も働いていましたね。昼は介護の仕事をしていて、多分、夜はキャバとかやってたんじゃないかな。だから全然、家に帰ってこなくて。ご飯もレトルトやインスタントのものが大量に買ってあって、それを弟と2人で黙々と食べていました。そんなときに突然、知らない男の人が家に来て『これから一緒に暮らすからね』って言われて。『それでお母さんがラクになるならいいや』って思ったけど当時の私には受け入れられなくて。いい人だなって思ったけど、だからこそすぐには仲良くなりたくないし、なにを話していいかわからない、なんて呼んでいいかもわからなかった。だから家出しちゃったんです。といっても近くに住んでいる従姉妹の家なんですけど、半年間はそこから学校に通っていました」

半年間のストライキのあと、なにがあったわけではないがふと思いついたように自由は家に帰り、母と弟、そして新しい父親との生活が始まった。そして彼女が16歳になったとき、妹が生まれた。

「高校に進学するときもなぜかお金がないって言われて、奨学金で行きました。もちろん生活自体はご飯が食べれないとか、洋服がない、なんてこともないし、普通に暮らしていましたよ。貧困とか生活保護受けなきゃとかじゃない、普通の生活です」

高校時代は学校が終わると自由は、すぐにバイト先に向かった。平日はパン屋、土日は朝から晩まで結婚式場の配膳、とにかく働きづめだった。

「学費やケータイ代、洋服代、すべて経済的には自分でやっていかなきゃならなくて。部活もやらずにバイトを掛け持ちしまくってました。バイト代は頑張っても月7万円くらい。そんなときに妹ができて。『産んでいい？』なんて言われたけど『あかん』なんて私には言えないじゃないですか。妹が生まれたら私もオムツ替えてお風呂入れて、ご飯を食べさせたりしてました。夜泣きしてもいっつも私があやしたり。うちの両親起きないんですよ〜、すごいでしょ！　ある意味、自分の子どもみたいな感覚です」

学業にバイト、そして家事。一人の高校生が背負うにはあまりに負担が大きすぎる。そもそもなぜそんなに家計が厳しかったのだろう。

「お父さんはケアマネジャーなのでお給料は結構よかったと思います。年に2回、100万円くらいのボーナスは出ていたみたいなんですけど……」

自由の顔が曇る。

「お父さん、かなりの車好きなんです。実家にはベンツが2台あるんですけどそれが厄介で。外車ってすぐに故障するんですかね。修理だ、メンテナンスだとかで、毎回ボーナスがなくなるんですよ。それが再婚してもお金がなかった原因の一つなのかもしれませんね」

「ずっとお金お金お金……。お金に追い詰められていました」

そのころの彼女の友人関係はどうだったのだろう？　学校がストレス解消の場として機能していなかったのか？

「それが私、小中高とずっとイジメられてきた人間なんですよ。仲いい子がいたという記憶がないし、基本一人でポツンという感じでした」

バツが悪そうに自由は答える。

「小学校のころは教科書を隠されたり、仲間はずれにされたり。中学のときは朝も帰りも同級生に校門の前で待ち伏せされて、いきなり泥を投げられたり、靴を顔にガーッって押し当てられたり。体育の授業から教室に戻ってきたら鞄ごと持ち物が全部なくなって先生と一緒に捜したらゴミ捨て場に泥まみれで置かれていたこともあります。高校はもっと理不尽でした。私、もともと地毛が茶色いんですよ。腰まで髪の毛があったんですけど癖っ毛だから毛先だけ巻いたみたいになるんです。学校の頭髪検査が厳しくてそれで注意された子が私の髪の毛が気に食わなかったらしくて、そこから……。廊下を歩いていたら『死ね!』『ブス!』なんて言われるのは当たり前。先生も見て見ぬ振りをしていて、その状況に耐えきれなくて登校拒否になって、高3で通信制の高校に転入したんです」

いやはやタフだ。母親の再婚という急激な環境の変化の中で経済的自立を余儀なくされ、さらに理不尽なイジメにも遭った。しかし自由は病むことなく働き続けた。

「確かに病んでもおかしくなかったなと思うんですけど気にしていなかったのかな。マイペースなんでしょうね、『私のこと嫌いなら嫌いでいいわ』ってどこかで思ってました」

借金が膨れ上がり、自らAVプロダクションに電話する

通信制の高校を卒業後、彼女は地元の短大に奨学金を利用して進学した。

「はっきりした額は把握していないんですけど、入学金と学費合わせて200万円くらいって言われてます。37歳になるまでずっと分割で返済しないといけないんですよね」

「奨学金」というと「けなげな苦学生」というイメージもあるが、実態は返済義務のある借金だ。それを彼女は短大進学分だけでもこの先、14年間にわたって返済し続けていくという。

「学校は地元では少し有名なお嬢様学校でした。みんなブランドバッグは当たり前のように

持ってるし、服もファストファッションでは買わずに百貨店で買う感じ。将来は就職せずに家事手伝いになる、みたいなノリでしたね。みんなでご飯行こうっていっても高そうなレストランが指定されることも多かった。そういうのを目の当たりにすると『私だってかわいい服がほしい』って思ってしまって、やっぱりカードで買っちゃいました。背伸びしてましたね」

同世代の女友達への見栄や憧れ、年相応の物欲は想像に難くない。そんな抑えきれない気持ちとストレスを買い物で解消する。自由はその悪循環にまんまとハマった。そして21歳になるころ、クレジットカードの利用総額、つまり借金は130万円に膨れ上がった。そしてAVプロダクションに自ら電話した。

「最初はメールで写メを送りました。メール面接ってやつですね。それからすぐに担当者から電話があって、どれくらいの頻度で上京できるか聞かれました。いずれAV一本でやっていきたいと思っていたんですけど、そのときは会社勤めだったから、土日だけと答えたら『厳しいですね、うちじゃ採用は無理』って言われた。だから私も『じゃあ平日もやります!』って答えました。そしたら都内で面接できることになったんです。なけなしのお金をかき集めて新幹線で行きましたよ、とにかくすぐにお金が必要だったから」

恰幅のよいマネージャーには最初は驚いたというが、面接はスムーズに終わり、自由は即採用となった。

「でも私、年確（年齢確認の略。免許証もしくはパスポート、顔写真付きの身分証明書が求められること）を持ってなくて。パスポートを申請するお金もままならなかったんです」

いかんせん「年確」がなければメーカーへの営業回りもできない。状況を知った事務所スタッフのはからいで、その日は下着オークションの仕事をして即金を得た。初めてのギャラは5000円だった。

「その5000円がそのときの私にとっては貴重でした。採用になったので往復の新幹線代も支給されて、ホント救われました！」

その後、地元に帰りパスポートを申請したのち、再び上京した自由はメーカー各社で面接を受けた。仕事は順調に決まっていった。

「も〜敏腕マネージャーさんの営業力のおかげですよっ」おどけて彼女は笑う。

地方在住のモデルの場合、彼女たちが都内に滞在している期間中に事務所が複数の案件をまとめて入れることが多い。

「AVのお仕事を始めてからは、東京に行くと3日間撮影をして、また地元に帰る、という感じでした。なので職場には風邪で休みます、と言って、親には出張だと話していました。

でもそのうち1週間くらい立て続けに撮影スケジュールが入ってしまって。いずれこのお仕事一本でやっていきたいと思っていたので、会社よりAVを優先しました。会社には……今思うとホント申し訳ないんですけど『親が倒れたので看病しないといけない』と連絡していました。でも両親はその前から少しおかしいと思っていたみたいで。ある日お父さんから電話がかかってきて『お母さんが突然倒れた。とりあえず帰ってこい！』って言われたんです。でも帰ったらお母さんは元気で……」

父親がネットに上がった撮影会の娘の写真にたどり着いた

「お母さんが倒れた！」そう言われて帰宅した自由にXデーが訪れた。

「私が東京に行っている間に両親が部屋を漁って支払いの明細書や私のお金のやりくりを書いたメモを見ちゃったみたいで。そこから、『東京に行ってるのはお金に困って風俗とか高収入系の仕事をしているからじゃないか』って思ったみたいなんですよね。で、めっちゃお父さんがネット調べたんですって。実はそのとき1回だけ撮影会の仕事をやったんですけど、そのサイトに出てる私の写真をその場で見せつけられました。『これなに？』『なんで相談してくれへんかった？』『あんた今、合計いくら借金を作ってるか自分でわかってんの－!?』

って両親に泣かれましたね」

そのころはデビュー作も発売されていないので、ブログやツイッターも開設されていない。そんな初期の段階で撮影会のサイトでバレるとは、事務所スタッフからも「前代未聞」と言われたという。ネット探偵さながらである。

「『とりあえず撮影会なんて今すぐやめなさい』そう言われたときにもう私の中でなにもかもがめんどくさくなって『撮影会だけじゃなくてAV女優やってるし！』って自分で言っちゃったんです。逆ギレですね」

「辞めるつもりないし、この仕事で生きてくって決めたから。引き止めたり家から出さないようにしたとしてもムダ。私、ベランダから飛び降りてでも東京行くし、ここには帰ってこうへんし！」

彼女の言葉に両親は泣いていた。父、母、娘の話し合いは何時間にも及んだ。

「私もひどいことたくさん言っちゃいましたね。普段、絶対に言いたいことを言わないタイプだったので爆発したみたい。『突然やってきてお父さんヅラするな！　来たと思ったらソッコー子ども作りやがって！』とか。あと、昔からトラウマになっていたことがあって。小さいころにお母さんが疲れて帰ってきた日があったんですけど、私、そのタイミングで洗濯やご飯を作っていなかったんですね。そしたら『あんたは冷たい子やな、心ないんちゃう!?』

って言われたことがあって。それがずっと私の中でひっかかってて『あんとき心ないって言ったよな? 心ないから親の気持ちわからんから、こういうことできんねん!』って言ってみたり。2人ともボロボロ泣いていましたね。だけど同時に『あんたから初めて本音を聞けたから、どうせやからこの機会にもっと思ってること言いや!』そう言われたらバンバンバンバン言葉が出てきました。『他の家やったら大学やって学費ちゃんと出してくれるのに、交通費も食費さえも出してくれない家、ありえへん! それで親とか言ってんな!』とか……あはは! 今思い出すと最低な子どもだと思います!」

そして、もっとも彼女の母親がこたえただろうという言葉を教えてくれた。

「『昔から女優になりたかったのに、その夢が叶えられなかったのはあんたらのせいや!』って。というのも私、子どものころからお芝居をするのが好きで演劇部に入っていたこともあったんです。機会があれば劇団や大手事務所のオーディションを受けていたんですが、どういうわけか毎回受かっていたんですね。でもたとえ受かっても事務所への登録料が払えなくて。中には50万円というところもあったから」

「修羅場でしたね」と苦笑いを浮かべて自由は語る。

「『昔、劇団や芸能プロダクションに入れなかったのもうちにお金がなかったせいじゃん!』って言っちゃった。形は違うけどAVも演技力が求められる仕事だし、この仕事をすごく楽しんでやっている、ということも伝えました」

「あんたら、これ以上、私のやりたいことを邪魔する気⁉」

自分でも驚くほどハッキリとした言葉だった。

「さんざん泣いて罵りあってようやく『じゃあ応援するわ』って両親が言ってくれました。『誰かに無理やりやらされてるんじゃなくて、自分から楽しくやってるんやったら納得いくまでやったらいい』って」

病まない、へこたれないタフなAV女優として借金を返す

晴れて親公認となった自由は働いた。しばらくして会社も辞め、都内の事務所の寮に身を寄せた。週に5現場はザラ、ときに10日以上立て続けに撮影することもあったという。思わず私は、「アソコもタフだね」と言ってしまった。

「そうなんですよ、痛くなったりしないんですよ〜。アソコが痛くならないってホント、この仕事は天職だと思います！」

そう晴れやかに彼女は笑う。最近ではアクが強いと業界では有名なベテラン監督からのオファーも繰り返し受けている。

「クセのある監督でもあまりなんとも思わないかも。最初からそういう方ってわかっているし、ちょっと厳しく演技を注意されたくらいでは凹まない。イジメられてきたおかげなんですかね、あはは！　でもJKものの撮影で制服を着て他の女の子とワイワイするシーンを撮るときは、『あ〜今、やっと青春してるんだな』って思います。高校時代はイジメられていたし、学校終わったらすぐバイトで、そんなことできなかったから」

イジメられても病まない、現場が続いてもへこたれない。とにかく自由は精神的にも体力的にもタフだ。

「これまでずっと働いてきた生活だったから、逆に休みの日って何していいかわからなくなるんですよ」

彼女は現在、都内に家賃9万円のマンションを借りて一人暮らしをしている。

「この仕事を始めて最初の2ヶ月で100万円貯めました。事務所の寮に住んでいたから家賃と光熱費はないし、現場だとお弁当が出るから食費もかからない。無理なく貯められました。営業してくれたマネージャーさまさまです！　そのお金で引っ越しして、今は毎月の支払いの金額をちょっと上げてコツコツ返しているところです。何枚かカード作っていたんですけどそのうちの一つの支払いが終わったんですよ！　ま、あと2つ残っているけど。家賃とケータイ代、そして借金の返済が12万円。毎月、出ていくお金はだいたい30万円くらい。

これまで貯めた分と毎月のお給料でやりくりすればなんとかなる金額です。借金がバレて親が泣いている顔を見たとき『私はとんでもないことをしてしまった！』って思ったんで、そこからカードを使うことはなくなりました。買い物をしたかったら現金にしています。カードは一切、使っていません」

ちなみに自由にはAV以外の「風俗」という選択肢はなかったのだろうか？

「いまだに私、どれだけお金に困っても風俗はやらないって決めているんです。コワイ。私がエッチできるのも相手がプロの男優さんだからなんですよね。まったく知らない一般の人は無理ですね。お互い定期的に性病検査を受けているし、絡みの前にはシャワーを浴びて清潔にしている。私と同じような境遇の子が風俗をやるというならAV女優をすすめたい。どうせこういうお仕事するんだったら安全な仕事を選んでほしいから」

親バレしてよかった。父親が毎日動画をアップするアイデアを提案

修羅場を経た今、両親との関係はこれ以上ないほどに円満だという。

「ブログやツイッターを見て『楽しそうやね』って言ってくれるんです。私がやりたいことを見つけて生き生きしているのを見ているから、アドバイスしてくれたり応援してくれるん

だと思う。私、毎日ツイッターで『おやすみ動画』をアップしてるんですけど、あれ、実はお父さんのアイデアなんです。私がやる前から『明日の天気予報』という動画を毎日アップしている女優さんもいるんで気が進まなかったけど、『マネって最初は言われるかもしれないけど、毎日やっていたら自分のものになるから。おやすみなさいなら短いし、疲れているときでもできる。それで見ている人が癒されるから毎日、絶対撮りなさい』って言われて。で、それをやったら好評でフォロワーもいい感じで増えているんです。感謝感謝ですね！」

きっと彼女の父親はインターネットに強い、いわゆる情強なのだろう。ひょっとしたらどこかで知ってこのインタビューも読んでいるかもしれないな、そう私は思った。

「あとは暗い言葉を書くなって言われますね。弱気になると病んだツイートをしちゃうこともあるんですけど、そうすると両親から『さっきのツイート、今すぐ消しなさい』ってすぐに電話があるんですよ。『あんなん書いたらあかんで、そんなん書いて仕事もらえると思ってんの？　メーカーさんも見てんねんで』って言われます（笑）」

同性として母親は自分の娘の裸体を直視できるのだろうか？

「胸がバーン出てる作品もあるから、正直どう思ってんやろ、と私も思うんです。でも気にしなくなってるんですかね。最近は『あの作品のパッケージ、写りよかったね』とか言ってくれるので。こないだは『あんたが昨日ツイートしていたメーカーさん大手みたいやから、ちゃんと売り込んでこなあかんで！』って言ってきたり。業界研究もしているみたいで、私よりもこの業界に詳しいかもしれないですよね！」

あはは！と笑って一息ついた彼女はこう言った。

「本当、親バレしてよかったと思います。今は彼氏もいないし、友達もいないから親にさえバレてしまえばコワイものなかったから。ただちょっと気がかりなのは7歳になる妹のことですね。妹が大きくなったら、いずれ気づくじゃないですか。親のパソコンの履歴や私のブログを見たら、私と口をきかなくなるときが来るかもしれない。もしくは学校で周りの人が先に気づいて『あの子のお姉ちゃん、AVやってる』って噂をしたりするかもしれない。私の仕事が原因で妹がイジメられたりするのだけは避けたい。なんかあったらソッコー飛んでいきますけどね。だって私は堂々とこのお仕事ができて親にも感謝しているのでそれぐらいはやらないと。AVの仕事、隠してやっている子を見ていると『大変そうやな』って思うし、私は今、親にも仕事にも恵まれて、本当に幸せ者だって思っています！」

コラム

AV女優になれば2ヶ月で100万円を貯められるのか

AV女優のヒエラルキー

「AV＝稼げる」という図式は崩壊している。

ひと昔前に比べたら女優のギャラは下がっている。

少し業界を知るとこのような定説に出合うはずだ。不況の煽りを受けDVDの売り上げが下がり、メーカーや出版社が制作費を削減している。その一方でAV女優のアイドル化によりそれまでの「底辺」といったネガティブなイメージが薄れた。そこでAV出演のハードルが下がりAV志願者が増え、買い手市場へと変化し、AV女優のデフレ化が進んでいる、そんな見方が一般的だろう。

しかしギャラが下落しているとはいえ、AVはいまだ高収入ワークのカテゴリーに属している。志願者の金銭欲とは切っても切れないものだ。

「ちょっとお小遣いが足りなくて」という専門学校生だった愛花（親公認AV女優1）や、

自由（親公認AV女優3）に至っては借金返済のためにAV業界に足を踏み入れた。一見すると即お金になる風俗のほうが手っ取り早く見えるが、不特定の素人男性を相手にする抵抗感、元来持ち合わせた有名願望や芸能界への憧れによって彼女たちは風俗ではなくAV業界を選択した。

自由のケースを見てみるとAV女優になる前にはエステのローンや買い物の支払いでクレジットカードによる借り入れが130万円、高校、短大への進学のための奨学金が220万円、計350万円の借金を背負っていた。そしてAV女優となってわずか2ヶ月で100万円を稼ぎ、それを引っ越し資金や毎月の返済に充てた。

――2ヶ月で100万円を貯める。ギャラのデフレ化が進む現在のAV業界において、果たしてこれは可能な額なのか。

ここで改めてAV女優のヒエラルキーをおさらいする。

AV女優はルックス、スタイル、年齢などによって「単体」「企画単体」「企画」と3つの階層に分類される。

「単体」とは主役として1本のAV作品に出演できる「単体女優」を指す。その外見、容姿、知名度、人気でヒットを見込めるトップスターだ。紗倉まな、明日花キララ、吉沢明歩……

普段はあまりAVを見ない人でも名前ぐらいは知っているアイドル女優は、ほぼすべて「単体」といっていい。特定のメーカーと一定期間の出演契約を交わすことで「専属女優」となり、その間は他のメーカーの作品には出演することはできない。作品は基本的に月1タイトルが専属メーカーからリリースされる。撮影は月1回、撮影日数は企画内容によって変わるが、1〜3日間にかけて行われる。

デビューの際には新聞やグラビアに掲載され、そのためメディアへの露出（パブリシティ）も多くなる。店舗でもDVD発売イベントが全国各地で行われるしショップ店頭にはポスターが貼られ、通販サイトでもバナーが掲載されるなどメーカーの「推し女優」として大々的に売り出される。そのため単体としてデビューする女優は「パブ全（パブリシティ全開）」であることが多い。

また一つのメーカーの拘束期間が終わり、別メーカーと契約を結ぶことは「移籍」と呼ばれる。明日花キララの例でいうと2007年h.m.p.専属女優としてデビューしたのち、2009年にはプレステージに移籍、2013年からはエスワン専属として活躍している。

「企画単体」とはメーカーと専属契約を結んではいないものの、一人でAV作品の主役となれる女優である。通称「キカタン」。特定のメーカーと契約をしていないので、あらゆるメーカーに出演することができ、オファーがある限り現場をこなすことが可能だ。仕事の量は人気に比例するので、人気キカタンになると月20本以上の撮影をすることがある。２０１６年に引退した上原亜衣は60連勤に至ったという。

出演するメーカーやジャンルも多岐にわたるため、ファン層も広い。そのためファンのネット投票で結果を競う賞レースでは、最近では人気キカタンが数多くの票を集める結果となる。２０１６年に行われた「DMM.R18アダルトアワード」では大槻ひびき、「スカパー！アダルト放送大賞」では初美沙希（現在はh.m.p.の専属女優）がそれぞれMVPに輝いた。いずれも人気、実力、SNSのフォロワー数も多い企画単体女優だ。ちなみに２０１５年の「DMM.R18アダルトアワード」では当時企画単体だった湊莉久（現在はエスワン専属）が最優秀女優賞を獲得し、「スカパー！アダルト放送大賞」では２０１５年の紗倉まな（SOD star専属）を除くと２０１２年から連続して企画単体女優が「女優賞」を受賞している。

「企画」は女優の名前を必要としない企画作品に出演する女優である。手コキ、フェラ、オナニーやレズキスだけなど挿入行為が伴わないオファーも多く、当然ながら拘束時間は企画内容によって変化する。オムニバスや人数ものなど複数人での出演も多いいわゆる「その他大勢」といった立ち位置だ。素人役やクレジットに名前が表示されない場合もあるのでパブリシティは全開である必要はない。そのためバレを恐れる学生や人妻などが本業以外でのアルバイトとして携わるケースも多い。

「単体」「企画単体」「企画」、この3つの階層は入れ替わりも激しい。単体女優としてデビュー後、専属メーカーとの契約が更新されず、他メーカーに移籍することもなければ企画単体となる。逆に企画単体として活躍したのちに特定メーカーと専属契約を交わし、単体女優となった例も数は多くないが実在する。

2009年「エスカレートするドしろーと娘 146」（プレステージ）のデビュー時にはパッケージに名前の記載のない企画女優であった成瀬心美《ここみ》は、キャリアを積み重ね企画単体として活動するようになった。アイドルユニットの活動も精力的に行い、知名度を上げていく。そして2012年には大手美少女メーカー・宇宙企画の専属女優となった叩き上げのサクセスストーリーを実現した。

企画女優の手取りを試算する

ここに登場する自由はいわゆる「企画女優」だ。街でナンパされる素人女性役から不倫に溺れる若妻役までその役は様々で、マニアックなフェチ作品にも多く出演している。彼女が出演した作品のパッケージには必ずしも名前が表記されるわけではないし、場合によっては違う名義の場合もあるので、その名前を検索してもすべての出演作がヒットするわけではない。

「企画女優でも彼女のように2ヶ月で100万円を貯めることは不可能ではありませんよ」

企画女優を数多く扱う大手プロダクションに勤務するマネージャーはこう語る。

メーカーからプロダクションに支払われる出演料（総ギャラ）は企画女優の場合、日当で15万円から30万円が現在の相場と言われている。2回のセックスシーン（絡み）とオナニーやフェラシーンを入れた1日拘束の場合、平均的な企画女優の売り上げは20万円。挿入シーンがなく3時間程度で終わる現場では10万円ほどが事務所に支払われる。いずれの場合も事務所から女優本人には出演料の40〜50パーセントを手渡されることが多い。手取りはそこから10パーセントの源泉税が引かれるので3万6千円〜13万5千円という価格帯だ。

ちなみに女優に総ギャラの何パーセントが支払われるか、その割合は事務所が決める。30パーセントから50パーセントといったところが大半と言われているが、中には2割程度しか女優に支払わないという悪徳プロダクションもある。そもそもAV女優は男性経験の少ないデビュー時がもっとも価値があるとされているから、よほど大ブレイクしない限りはギャラが下がっていく。それゆえプロダクション側も最初からそれを見越して女優本人には低めの金額を渡すこともある。たとえ同じ事務所で同じような出演形態の女優でも一人一人の条件が異なることも多い。女優本人はメーカーから事務所にいくら支払われているかは教えられないし、メーカー側も女優本人の手取りを知ることはない。メーカーや関係者が女優にその額を教えるのはご法度だ。またどんなに仲良くなろうとも女優同士がギャラの話をするのもタブーとされている。いわば業界のトップシークレットである。

ここで自由の収入を試算する。企画女優の相場から総ギャラ（メーカーからプロダクションに支払われる出演料）を15万円と仮定し、「週に5現場はザラ、ときに10日以上立て続けに撮影することもあった」という本人のコメントから月20回の撮影が入ったとすると、

15万円×20日＝300万円

300万円の総売り上げのうち本人には4割が支払われると仮定すると月収は120万円となる（実際の手取りはそこから源泉税が引かれる）。

「事務所の寮に住んでいたから家賃と光熱費はないし、現場だとお弁当が出るから食費もからない」というコメントからも、2ヶ月で100万円を貯めて借金返済していったという話は決して現実離れしたものではない。

「容姿や年齢はもちろんですが、企画女優の場合はどれだけスケジュールが取りやすいのか、パブリシティが広いかも重要です。あとは所属している事務所がどれだけ多くメーカーとの付き合いがあるか、事務所の営業力にも左右されますね」（前出のプロダクションマネージャー）

自由の場合、まだ20代前半という若さ、ロリ風の顔立ち、引き締まったボディ、またAVの仕事を優先するスケジュールの柔軟性や、親バレによって全開となったパブリシティ、これらの諸条件が揃ったことにより仕事がスムーズに入った。

逆に平日は会社に勤務し、土日だけしか稼働できない、親や周囲にバレたくないからパブも狭い、また年齢や容姿も特に秀でるものもない、セックスではハードなプレイもしたくない、となるとほぼ仕事は入ってこないといってもいいだろう。

またその高額な月収を稼ぎ続けることはなかなか難しいようだ。

「企画女優の場合、クライアントとなるAVメーカーを一巡したタイミングでストーンと仕事がなくなりますね。目安は3ヶ月です」

当然ながらクライアントの数は決まっている。一度撮影したからといって必ずしもまた同じメーカーの撮影現場に呼ばれるわけではない。女優のスキルやパフォーマンスの高さ、現場スタッフからの受け、また売り上げによって再度、オファーをもらえるかどうかが決まるのだ。通常のAV作品は撮影から発売までに3ヶ月を要する。そしてそこからメーカーが売り上げを検討し、再オファーに至るまでには4ヶ月以上かかることも少なくない。あらゆる現場を一巡し、また仕事を増やしていけば企画女優は企画単体女優として価値を高めていけるが、リピートがない場合はプロダクションがメーカーに対し1回目よりも低い額のギャラを提示して営業することもある。続ければ続けるだけ出演料が下がることもあるので、自由のように借金返済をAV出演の第一の目的とするならば、この3ヶ月は一つの基準と言えるだろう。

アイドル女優の単体、そして稼ぎ頭の企画単体

また現在のAV業界での単体、企画単体の出演料の総ギャラの相場は下記のようになる。

・単体女優

大手メーカーとの3本契約で1本あたり120万円が相場と言われている。4〜5本契約になるとさらに価格が上がり150万〜200万円となる。超大型新人の年間契約は400万〜500万円、MUTEKIなどの元芸能人レーベルでは数千万円の金額が動くこともある。また1ヶ月のみのメーカー拘束（デビューした月だけは特定のメーカーのデビュー作のみのリリース。次の月からは企画単体としてあらゆるメーカーから出演作が発売される）という場合は80万円というケースもある。いずれの場合も絡みの回数や撮影日数ではなく、「1作品」あたりの金額である。

・企画単体

出演料は日当で支払われる。多くの場合、「2絡み＋1フェラ（もしくは1オナ）」、つまり「2回の性交渉と1回のフェラシーン、もしくはオナニーシーン」が1日の撮影の基本的なセット内容とされている。40万〜50万円という価格帯で事務所側が営業をかけることが多い。人気キカタンになると1日で80万円を売り上げるケースもある。また有名願望があったり、「とにかく現場数をこなしたい！」という本人の意志がある場合は30万円という企画女優並みのギャラがプロダクション側から提示されることもある。またプレイ内容でも出演料は変動し、SM、中出し、ぶっかけ、ごっくんなどプレイがハードになるほどギャラは値上がりする。

1作品あたりで見ると単体女優のほうが圧倒的にギャラは高いが、その人気によっては本数をこなすことができる企画単体のほうが稼ぐことができる。1本120万円の単体女優よりも、日当40万円の企画単体が月10現場稼働するほうが売上額は高くなる。売り上げとヒエラルキーは必ずしも比例しない。

ちなみにクライアントであるメーカーに足を運び、キャスティング担当者に自らの可能なプレイなどをPRする「面接」と言われる営業回りや、撮影前の監督との打ち合わせ（監督面接、通称「カンメン」）は単体や企画単体、企画いずれの場合でも売り上げは発生しない。

またメーカー専属になると店頭用のポスターやDVD購入者特典のチェキにサインをする、などの販促活動も多くなるが、これは宣伝広報活動として出演料に含まれているのでギャラは発生しない。

前述のようにAV女優にはメーカーからプロダクションに支払われる出演料は知らされていない。出演料からどれだけの割合を事務所が得るのか、またスカウトマンがいる場合はプロダクションが彼らにいくら支払うのか、その割合は門外不出となっている。

しかし2016年、大手AVプロダクションの元社長ら3人が労働者派遣法違反の罪で略式起訴された騒動や相次ぐAV強要被害の告発を受け、業界のさらなる健全化が早急に求められている。その流れの一つとして総ギャラを出演者に開示する動きが高まっていることも記しておかなければならない。今後、詳細は推移を見守らなければならないが、これまで明らかにされていなかった出演料が明らかになると、不都合が生じる人々もいるだろう。これまでの業界の常識が大きく変化することになるし、従来のやり方がまかり通らなくなる。出演料の話題ひとつとっても、現在AV業界は大きな転換期を迎えている。

親公認AV女優4

アイドルに憧れて処女デビュー

西川希美（にしかわ のぞみ・仮名）

23歳　新潟県出身

両親は3歳のときに離婚、以後母親と暮らす一人っ子

156センチ

スリーサイズ B84（C） W58 H86

AV女優歴3年目

単体女優として活躍し、インタビューの半年前に引退したばかり

母親が娘のAVイベントに来たという噂

秋葉原を中心にした都内の家電量販店やセルショップでは毎週末、グラビアアイドルやAV女優のサイン会が行われている。多くの場合、参加者は対象商品となる新作DVDを買うとサインが目の前でもらえ、AV女優のイベントでは持参したカメラで彼女たちを撮影できることも多い。さらには主催メーカーの商品を複数枚購入するとツーショットチェキが撮影でき、別パターンの衣装での撮影もできるなどの特典が用意されている。女優の人気にもよるが1店舗につき50人から100人近くの客が訪れ、彼らが複数枚のDVDを購入し、それが1日に複数件となればその売り上げはかなりの額になる。また当然ながら女優にとっては新たなファンを獲得する絶好のPRの場となる。プレゼントを用意する参加者も多く、菓子や花、スタバカードなどの金券、中にはブランドもののバッグや財布を持ってくる者もいる。また客層も10年前はいわゆる「アキバ系」と呼ばれる男性が多かったが、最近ではカップルでの参加や、おひとりさまの女性が来場することもあり、会場の雰囲気にも大きな変化が見られるという。

もちろんこれらのイベントでは当然ながら対象となる女優にお触りすることは禁止されているし、下ネタが交わされることもほとんどない。皆が彼女たちを一人のアイドルとして扱う。とはいえイベントは18禁だ。ＡＶが並ぶ店舗に母親が娘の様子をうかがいに来るとは一体、何があったのだろう。一度業界を去ってしまった女優はなかなかコンタクトが取りづらいし、メディアの前には姿を現したがらないものだが、事務所を通じて打診すると希美は快く引き受けてくれた。数日後、私は現在彼女が住んでいるという東京郊外の駅に降り立った。

今はアルバイトを掛け持ちしている元ＡＶ女優

希美とは、商店街近くにあるカラオケボックスで落ち合った。商店街周辺は子どもや老人が多く、とてものどかな雰囲気だった。私よりも先に受付に到着していた彼女に声をかけると「お久しぶりです」と礼儀正しい挨拶が返ってきた。希美は化粧っ気のない顔を大きめのマスクで覆い、淡色のパーカー、細身のデニムにスニーカー、背にはリュックといういでたちだった。現役時代には長かった髪はセミロングになり、無造作にゴムでまとめられている。今年23歳となる彼女だが、そのカジュアルな格好はまるで中学生のようだ。彼女が半年前まではいわゆる「セクシータレント」だったと誰が思うだろう。

「今はいくつかのアルバイトを掛け持ちしています。昼は歯医者さんの受付で夜は工場で働いています。今日は夜勤だったのでそのまま来ちゃって。久しぶりにお会いするのにこんな格好ですみません！」

ニコニコと笑顔を浮かべ、極めて穏やかな口調で希美は話す。夜勤明けというのに疲労の色は見えない。20代の若さがなせる業なのか。

希美がデビューしたのは今から3年前のこと。丸顔の童顔に艶やかな黒髪、そしてどこまでも透き通るような色白の体を惜しげもなく披露した彼女は、AV女優になると同時に処女を喪失した。「処女もの」と言われるジャンルがあり、毎月のように作品がリリースされているが、中には設定だけの「ビジネス処女」も多い。しかし彼女は「本当に」処女だった。

「AVは自分から応募しました。『アダルトグッズモニターで即金』とか『パーツモデル募集』というのを見て応募したのがきっかけです。そもそも私、アダルトグッズのモニターなんてイマイチ意味がわかっていなかったんですけど、『バイト、高収入』で検索していたらそれが出てきたからとりあえず面接に行ったんです」

アイドルイベントに行きたくて上京。でも手取り14万円の生活は厳しい

事務所に応募した当時、20歳の希美は地元・新潟の専門学校を卒業後、上京。大手総合病

院に就職し、医療事務として働いていた。医療事務の仕事を選んだ理由は「土日休みの仕事がしたかったから」。

「私、アイドルのイベントや握手会、ライブに行きたくて上京したようなもんなんです。それだけのために医療事務の仕事を選んだんですよね。『給料なんて別にいいや、土日祝日、GWやお盆、年末年始に休めるから』って。ホント、それだけの理由でした」

小学生のころからアイドルに憧れ、中学時代から本格的にハマりだした。

「CDをアホみたいに買っていましたね。かわいい女の子が好きなんです。でも自分にはあんな風に歌ったり踊ったりするのは絶対に無理だ、自分は見ているのが一番楽しいと思っているアイドルオタクでした」

「趣味のアイドルイベントに行くため」そう一旦は割り切って就職したものの専門学校卒の彼女の手取りは月14万円ほど。東京で一人暮らしをするには厳しかった。

「給料だけだと生活できなくて、病院の先輩にアルバイトの相談もしたけど『正社員だから副業禁止！』と言われて。まあ当然ですよね。でもモニターだったら1回限りだし、その日にすぐお金もらえるし、と思って。事務所に行ったときにはキレイなお姉さんのポスターがたくさん貼ってあったけど、まさかそれがAV女優さんとはわからなくて『かわいいなあ〜』って眺めていたのを覚えていますね。ただ初体験や経験人数を聞かれたから『なんでバイトの面接でこんなこと聞かれるんだろう？』って思ってました。でも女性の面接官だったから私も警戒することもなく、いろいろ話していました」

なんという無防備さだろう。これだけインターネットが普及した2010年代にこんな子がいたなんて！

「AVに出たいと思ったことは一度もなかったです。もともとAV女優さんに対しては『借金を抱えた人がイヤイヤやってる』って偏見を持っていたくらいなんです、私。東京に出てきてすぐに池袋でスカウトにあったこともあるんですけど『そんなの考えられない、意味わからないです！　私、人生捨てるつもりありませんからっ！』ってスカウトマンにすごく怒って断った記憶があります」

そんな彼女が事務所の面接を受けると周囲の大人たちはすぐさま動き出した。ファッションにはあまり興味がなくお世辞にも垢抜けているとはいえない彼女こそ磨けば光るダイヤの原石だったのだ。美少女、そして処女。世の中にこれほど男の性的支配欲をくすぐる存在はいない。すぐさまメーカーのプロデューサーと顔合わせの場が設けられ、話は進みデビューが決まった。

処女喪失の初現場では泣いたことしか覚えてない

「初体験をAVですることには抵抗はありませんでした。プライベートでヘタにするよりもいろんな人に見守られるという安心感があったから。でも私、正直、初現場の記憶ってないんです。ただよく泣いていたことは覚えています。すぐに撮影は嫌になりましたね。私、男の人が嫌だったのかもしれない。イチャイチャするのが気持ち悪いって思っちゃう。ああ、こんなこと言ったらこれまでよくしてくれていた男優さんに失礼ですよね、すみません！」

そう言いながらもこれまで決してインタビューでは話せなかったことを切々と希美は語り続ける。

「イカツイ人とか日焼けしているマッチョな人ってダメなんですよ。好きなのは女装が似合うような中性的な人、山崎賢人君が最近アツいですね。あとは昔からジャニーズが好きで、うふふ。高校時代も彼氏がいたんですけどエッチはしませんでした。お互い部活が忙しくて年末年始しか休みがなかったし、両方の家を行き来していたけど『自分の部屋のドアは全開にしておかないとダメ』って親に言われていたから、そんなムードにもならないし。私、ピュアというよりも興味があることとないことの差が激しくて。ジャニーズやアイドルに夢中だったけど恋愛やセックスには興味なかったんですよ。心の中ではああいう少女漫画に出てくるような男の子と付き合いたいって思ってました、イタいですよね、あはは」

親の言いつけを彼氏とのエッチよりも優先するとは、さぞかし相手の少年には酷な体験だったろう。そんな生真面目な少女が嫌悪感すら抱いていたAV業界に自ら足を踏み入れるとは。その飛躍に私は少し戸惑いを覚えた。

「アイドルも見ている立場が一番いいと思っていたけど実は芸能界への憧れと興味があったんです。周りには恥ずかしくて言ってなかったんですけど、高校時代、東京に遊びにきたときにスカウトされて、一度は事務所に登録したこともありました。でも部活がすごく忙しかったし、地元から通うことなんて到底できない。母親に相談したけど当然反対されたし、学校が芸能活動を認めていなかったから許可が下りなくて。そのあと医療事務をやる前にも試しにオーディションを受けたんですけど、会社に聞いたら正社員はダメと言われたんです」

学校や会社に内緒で活動するという発想は希美の中にはなかったのだろうか。正直すぎる。

そんな彼女はデビューから2ヶ月後、AV女優になったことを母親に電話で打ち明けた。

AVデビューを告白した娘に母親は絶句

「私、自分から言っちゃったんです。というのもそれまでは上京してからもお母さんに頻繁に電話をしていたんですけど、ＡＶの仕事を始めてから後ろめたい気持ちがあって電話を避けるようになって。きっとお母さんも何かおかしいって思っていたんでしょうね。デビュー作が発売されて２ヶ月くらいしたときに電話があって『なんか隠してない？』って聞かれました。そのときはＡＶがバレたとは思わなかったけど『やっぱり隠せないな』と思って言いました。ただ『ＡＶ女優になりました』なんて言えなくて『まさかキャバクラとかで働いてないよね？』っていう問いかけに『ううん、もっと違う上のやつ……』『え？ 風俗？』と言われたから『違う……違うやつなの』と返して。最後に母が『まさかＡＶなんかじゃないよね？』と言ったのを覚えています」

電話の向こうで肯定する娘の答えに母親は絶句していた。そしてしばらくするとこんな言葉が返ってきた。

「『あなたにはそんなことできるわけない、ＡＶなんてあなたにはできる仕事じゃない、絶対無理よ』って言われたんですよ。その言い方は怒るというよりも悲しんでいる様子でした。『一体、なんで？ そういう世界には縁がなかったのに！』って。正直、怒られるならまだラクだったな。悲しまれるとこっちの気持ちも余計辛くなっちゃって。もちろんすべての経緯を伝えました。昔から芸能界に憧れていたこと、芸能界とはまた違うことかもしれないけどその世界で輝いている人もいて自分もそうなりたい。そんな思いを話して、芸名とブログがあることを伝えて、その日はそのまま電話を切りました」

マッチョな男優が嫌だ、撮影が嫌だと思っていても、いざ親に詰め寄られるとAVを続ける意志を告げる。その姿勢は一見、矛盾しているように思える。しかしそこにこそ彼女が密かに抱いていたアイドルへの夢と現実の葛藤が表れている気がしてならない。

「次の日にまた母親から電話がかかってきて『あなたの気持ちはわかったよ。でも心配だから事務所やメーカーがどんなところか確かめたい。不安なままで仕事をしてもらうわけにはいかない』そう言われて。それからすぐにお母さんが上京してきたんです」

母親は事務所あてにお中元お歳暮を欠かさず送る

希美の母親は17歳のときに彼女を出産し、3年後に離婚。その後は旅館でほぼ住み込みで働き、希美を養った。幼少期には多忙な母に代わって祖父母が面倒を見てくれることも多かったという。

「母親は鈍くさい私とは真逆のタイプ。テキパキしていますね。タバコをすごい吸うのが私はイヤで昔からずっと文句言ってました（苦笑）。服装自体は派手じゃないけど、髪の毛は金髪でまつエクもしていて……少なくとも私より女子力高いです（笑）」

取材に同席していたマネージャーも「親子には見えないですね」と朗らかに笑っていた。上京した母親は、彼女の秋葉原で行われたサイン会とその翌日のバラエティ番組の収録に立ち会った。

「番組はボルダリングをしてグルメレポートをするというエロ一切なしの内容だったし、イベントも会場の雰囲気を見て安心したみたいです。特にAVのイベントはファンの人から娘がセクハラをされているんじゃないかって心配していたみたいだから。実際に見にきてからは辞めろっていう話をされたり、怒られることもなかったです」

また母親は彼女が専属契約をしているメーカーにも足を運び、担当プロデューサーと監督にも直々に挨拶をした。その際のことを監督はこう振り返る。

「すごくサバサバしたお母様で『うちの子、大丈夫ですか？ 迷惑をかけてませんか？』って聞かれましたね。そして『この子は何も知らないけれどとにかく頑固なんです、親が言っても言うことを聞かない、やってみたいんだって聞かないんですよ。だから私も反対をしないんですよ』と言っていました。僕も最初は怒られると思ってその場に来たので驚きましたが『本人がプライド持ってこの仕事をやっているのでお母さんも見守ってあげてください』

そんな風に伝えたかな」

担当プロデューサーも次のように語る。

「親御さんが仕事としてAVを理解してくれて、応援してくれるのは、嬉しかったですね」

その後、地元に帰った希美の母親は事務所とメーカーにそれぞれお中元、お歳暮の品を欠かさずに送ってくるようになった。

私は彼らとのやりとりを知らない希美に「一体なぜお母さんはこの仕事を認めてくれたんだと思う？」と聞いてみた。

「お母さんは『やってしまえば悔いが残らないだろう』って思ったのかも。高校時代に事務所にスカウトされたことや、医療事務をやる前のオーディションを私が受けようとしていた件があったから。ただ私の前では泣いたり怒ったりはしなかったけど、知らないところではいろいろあったと思います。実際に地元では私がAVに出たことをみんなが噂していたので、母は親同士の集まりにはしばらく行きづらくなってしまったみたいですし」

少し気まずそうに希美は話す。

「絶対にあなたにはできない」と言われてもやりたかった「アイドル」への道。三度目の正直というところか。

「当時、親に反対されてもオーディション受けたいとかアイドルになりたいって言っていれば違ったのかもしれないけど、私にはその勇気がなかったから。だからAVの話は驚いたし戸惑ったけど、20代前半の私には年齢的にも『これが最後のチャンスだな』って自分で思っていました。これから先、こんな機会ないだろうなって。多分、お母さんにはその思いが伝わったんだと思います」

そう希美は語り、目の前のオレンジジュースを飲み干した。

「でもやっぱり撮影するたびに『これで最後にしたい』って思ってました。雑誌のインタビューでは『AVデビューしてセックスに興味を持つようになった』っていつも言っていたけど、実際はそんなこと一切ない（苦笑）。ずっとマイナスを維持していたからそれ以上、嫌いになることもなかったです。恥ずかしいというよりそういう行為をするのが辛いというか痛いというか。そこまでする理由ってあるのかなってふと考えてしまうこともあって。でもイベントでファンの人の顔を見ると『この喜びのためにやっているんだな』って思ったんです。イベントが楽しかったからここまで続けられたんだと思います。アイドルになった気持ちになれたから。撮影だけしかお仕事がなかったらもっと早くに辞めてましたね」

舞台にもテレビにも出ることができてもう後悔はない

また彼女は引退して半年経った今もプライベートでは一切、男性との関係がないのだという。

「だってファンに『彼氏は作らない』って言っちゃったし、その約束を破るわけにはいかないですし」

アイドルの異性交遊はご法度だ。まっすぐな瞳で私を見つめて彼女は語る。ではなぜ「アイドル」としての活動を辞めてしまったのか？

「ちょうど自分の中でも『AVはそろそろ厳しいかな』と思っていた時期にメーカーさんとの契約が終わってしまうと聞いて『それなら今後は無理してまでAVを続けなくていいかな』って思ったんです。新しいところに面接に行ったり、ハードなプレイに挑戦したりするのは無理だなって。デビューしてからちょっとだけど歌もやらせてもらったし、舞台やバラエティ番組に出たり、イベントもたくさんやったし。自分の中でやりたいことを一通りやったのでもう後悔ないかなって思ったんです。一番いいときに辞めたかったというのもありますね。母親にそのことを告げたら『お疲れさま、これまで頑張ったね』って言ってくれました」

「お疲れさま」その言葉はどこまでもシンプルだけれど温かい。私まで少し胸が熱くなってしまった。

「実際、AVをやってからはアイドルさんに対して昔よりも『すごいな』って思うようになりましたね。そしてやっぱり自分はアイドルには向いていないって思いました。それは努力不足もあるし、実力がないというところだったんだろうなって思います。先輩たちを見て自分もそうなりたいって思っていたんですけど、自分は変われないし、女子力も上がらないままだったなって感じています」

寂しそうに希美は苦笑いを浮かべるが、不思議と悲壮感は感じられなかった。

100人のAV女優がいれば100通りの生き方がある

「ゆくゆくは看護師の資格を取りたいので勉強を始めようと思っています。バイトをしながら資格を取るって大変だよって言われるけど、医療事務のときにも『資格を持っていたら強いよな』って思ったんです。今はバイトで受付業務もしているけど、医療の現場で人と関わりたくて。だからいろいろ切り詰めないと。AVをやってもあまりお金の使い方も変わらなかったけど食費だけは倍近くになっちゃってて。一人でバイキングや焼肉行ったりしていたから、月3万円くらいかかるようになったから、それはもうやめてしっかりやりくりしないと、って思います」

実直で不器用なまでに夢に邁進する姿は、危なっかしくも眩しかった。

最後に恒例の質問をぶつけてみた。

——自分の子どもがAV女優になりたいと言ったらどうする？

「う〜ん、最初は反対するかもしれない。だって友達や親しい人に自分の仕事を内緒にしなきゃならないこともあるし、それで離れていく人もいるから。でも自分の子どもを信じたいとも思う。私が本当に恵まれてたんだなって感じるのは、これまで会った女優さんがみんな素敵な人ばっかりだったこと。そんな女優さんになってくれるのであれば……応援したいです。でも女優さんの中には遊び歩いて、ホストにハマっちゃう子もいるって聞いたことがあるので、もしそうなっちゃったら応援できないかな。決して『AVをやったからこういう風になる』とは一言では言えないですし。AV女優といっても100人いたら100通りの生き方があると思うから」

親公認AV女優5

「オンナ」を最大限活かす職業の影

丘咲エミリ(おかざき えみり)

1991年4月10日生まれ
東京都出身
162センチ
スリーサイズ B87(D) W56 H87
父、母、弟の4人家族(現在、両親は離婚)
2011年MUTEKIからAVデビュー、2016年11月引退

元読者モデル、タレントのAV女優

「私、2016年の秋に引退しようと思っているんです。なんとか5年、続きました。振り返るとこれまでもいろいろやってきたなあ～と思いますよ」

ゆっくりとした口調でエミリは語る。小さい顔にアイラインで縁取られた大きな瞳が印象的で、少しけだるげな口調がセクシーだ。小麦色に焼けた肌と派手なメイクは、いわゆる「ギャル」と称される部類に入る。しかし笑うたびに口元から覗く白く形の良い歯、カラフルに彩られた長い爪、艶やかにカラーリングされた茶髪、細部までよくメンテナンスされた隙のなさは、明らかに「どこにでもいるギャル」とは一線を画している。取材時、エミリは25歳、AVデビューする以前はテレビやファッション誌を中心にタレントとして活動していた。

「モデルを始めたのは16歳のとき。たまたま109に買い物に行ったらスナップを撮られて読モを始めました。18歳からは事務所に入ったけど、モデル業はそんなにお金にならない。読モはせいぜい月5、6万円くらい。専属でやっても15万円とか。生活費を稼ぐためにキャバも並行してやってましたね」

私が彼女を取材するのは2回目。前回は男性誌の取材だったが、質問を投げかけずとも終始、こちら側の意図を汲み、的確な言葉で表現してくれる。「トークスキルの高い女優さんだな」と思っていた。

「あ、AV女優になる前に地元でガールズバーを出したこともあったな〜。売り上げもすごいよかったんですけど1年半くらいやって、私はこっちに出てきちゃった。オープニングから働いていた子を店長にして経理関係は母親に任せる感じで。それからも結構続いていて、ついこの間まであったんですよ」

ついついこちらが食いつきたくなる話題を振ってくれる。インタビュアーとしては非常にありがたい限りだ。

「うちの母親、ずっと水商売をやっていた人で、20歳のころには自分のお店を出したって聞いていて。私、負けず嫌いだし、よく母からも『なんで私にできることがあなたはできないの』って言われていたし、20歳でお店を出さないと負けた気がする、というのが大きかったんですよね」

母が家出。残された家族の生活は一変した

エミリの両親は共働きだ。父は飲食店を経営し、母親はスナックを切り盛りするかたわら、

ホームエステを営み化粧品の販売にも精を出していた。両親は忙しかった。子どものころは寂しい思いをすることがあったが、家庭は裕福で経済的には恵まれ、何不自由ない暮らしをしていた。

そんなエミリの生活が一変したのは16歳のとき。母親が家を出て行った。

「お母さんがウツ病になってしまったんです。両親はよく喧嘩していた。お父さんの暴力がひどくて。私や弟の前でも殴る蹴るは日常茶飯事。ある日、お母さんが殴られて歯がピューンって飛んでいくのも見ちゃいました」

母はしばらく親戚の家に身を寄せていたが、すぐに一人暮らしを始めた。ウツの原因は父親との不仲だったという。

「そもそものきっかけは、私が生まれる前にあったお父さんの不倫。私がお腹の中にいたときによそに女の人を作ったみたいで、しかも向こうも妊娠して、認知もしてしまったって聞きました。そのときお母さんはベビーベッドに寝ている私を殺して自分も死のうと思ったって。でも殺せなかった。『我慢して生きていくしかない、娘、息子のため』って自分に言い聞かせたみたい。大人になってから聞いたんだけど、セックスしなかったらぶん殴られたりしたこともあったみたい。それでも暴力が私や弟に向けられないように、自分が我慢すればいいいって思い続けた結果、ウツ病になってしまったみたい」

淡々とエミリは話していく。母が出て行ったのち、残されたエミリと父、弟での三人暮らしが始まった。

「お父さんもお母さんがいなくなっておかしくなっちゃって、虫の居所が悪いと『この出来損ないが！』って私も殴られていた。しかも仕事もできなくなって『お金がない、お金がない』って言うようにもなったし。ほら、高校って修学旅行の積立金とかあるじゃないですか、そういうのもそのうち払えなくなってしまって。お父さん自身はエリートと言われる大学を出ている人だから、勉強をあまりしない私のことが気に食わないのもあったと思う。家の中がずっとそんな感じだったし、お金に関しても『ちょうだい』って言える雰囲気じゃなかった。自分でどうにかしなきゃって思って、キャバクラでバイトを始めました」

未成年であったが、地元のキャバクラに潜り込み、キャバ嬢として働き始めた。

「夜8時から深夜2時までキャバで働いて、終わったら家に帰って4時間くらい寝て、また朝起きて学校に行って……そんな毎日でしたね。10代だったから寝なくて大丈夫だったのかも。授業中に寝落ちしたことはあったけど、学校にはちゃんと毎日通っていましたよ。まあ、さすがに今は寝ないと無理だし、同じことできませんけど（笑）。キャバで稼いだお金は生活費と学費にいきましたね」

高校には毎日通い、彼氏もできた。彼女の派手なルックスからして、周囲からは一目置かれるスクールカースト高めのギャルだったに違いない。高校生のころのエミリをふと想像してしまった。

17歳で一家の大黒柱になる

母親との別居で父親は荒れ続けた。心のどこかで母がいつか戻ってくるのではないかと期待をしていたが、ある日、エミリにも限界がやってきた。17歳のときだった。

「きっかけは本当に些細なこと。そのころに飼っていた犬がテーブルを散らかしたとかそんな感じのことなんだけど、それが父親の癇に障ったのか、夜に怒鳴り始めたのね。そのときにもう我慢できなくなって私も家を飛び出しちゃった。だからといって行く場所なんてないから、夜中にファミレスで途方に暮れていました」

父親との生活から逃げ出したエミリはやがて母親と暮らすようになる。

「お母さん、マンションを借りて一人暮らしをしていたんですけど、病気で対人恐怖症みたくなっちゃって仕事もできなくなったんです。それまで本当に仕事ができる人だったのに。もうこうなったら私がなんとかするしかないなって。まあお父さんと暮らしていたときからキャバクラで働いていたし、贅沢はできないけど家賃や光熱費、食費はそれでなんとかなりましたね」

17歳にしてエミリは一家の大黒柱となった。

「お母さんのこと大好きだった。でもそのころって子どもだったたし、やっぱり相当キツかったですよ。遊びたいし、でも働かないとお金ないし、家に帰ったらお母さん具合悪いし。病気が悪化して、ときには買い物依存になるから、とにかくお金がかかるんです。私もお金ないと不安になって死にたくなるし、稼がなきゃって追われていた。ずっと『なんで私だけこんな思いをしなきゃいけないんだろう』って思ってましたね。だから当時ってかなりひねくれてましたよ（苦笑）」

世間話をするかのようにサバサバとした口調でエミリは話し続ける。

「先生たちも心配して、学校に呼ばれたこともあったけど『わかったようなこと言わないでよ』『そんなこと言ったって私の辛さ、わからないじゃん？』って結局、喧嘩になってましたね。わかってるんですよ、頭では。私だっていろいろ受け止めたいし、でもそうなれない環境とか自分自身に常にイラ立っていました」

精神的、経済的負担を抱えた当時のエミリにとって、唯一の楽しみは読者モデルの仕事だったという。

「接客は好きだけど、キャバはあくまでも食っていくためにやってただけ。あまり好きじゃなかったですね。いやでもお酒を飲まなきゃいけないし、特に若いころは色恋で揉めたりするし（苦笑）。読モをやっている時間は救われましたね」

進学は服飾系の専門学校を希望した。

「ファッションが好きで、デザイナーにはなれなくてもなにかしらアパレルの仕事に就きたいなって漠然と思っていたんです。そんなことを三者面談で話したら、先生の前で父親が『うちにそんな金ねーよ！』ってキレ出して。奨学金というのも考えたけど、所詮あれって……まぁなんだかんだいって借金じゃないですか。さすがにそれは嫌だなって思って。だったら自分が稼げばいいし、稼げば学校行ける、って思いました。きっと高校を卒業できたのも自分で全部払っていたからかも」

19歳で母親と心中未遂。もう限界だった

専門学校への入学金はそれまでの貯金で賄った。服飾の専門学校生、キャバ嬢、ギャルモデル、三足のワラジを履き、地元と都内を往復する日々だった。そして母親の介護もエミリが全面的に担った。

「身の回りのことはもちろん、母親の病院やカウンセリングに私も一緒に行って、先生から

対応の仕方を聞いたりしていましたね。私のなにげない言葉で母を傷つけてしまうこともあったから。ただ本当に切羽詰まったことがあって、私もウツ病って診断されました、介護ウツっていうのかな」

精神的にも限界だった。19歳のある日、エミリは母親と心中を図った。

「激しく落ちたことがあってそのときにお母さんに土下座して『死にたい、でもお母さん残して死ねないし。お願いだから一緒に死んでくれ』って言いました。お母さんも『いいよ、一緒に死のう』って」

自宅で2人、母娘は睡眠薬を大量服用し、練炭を焚いた。

「あれってすごいキツイんですよ〜！　よく『ラクに死ねる』って言われてるけど全然そんなんじゃない。ハンパない頭痛と吐き気がするんです、でも眠剤を飲んでるから途中で意識失っていて。目が覚めたら病院にいました」

連絡が取れないことを不審に思った母親の知人が自宅にかけつけ、救急搬送され、母娘は一命を取り留めた。

「今、こうやって生きてるのが不思議なくらいです。私よく思うんですよね、明るい人ほど、その人が持っている影とか闇って深いんじゃないかな、って。いつも明るい子って何かしら抱えているものが多いから」

モデル、キャバ嬢。「オンナ」を最大限に活かした職業は、10代後半から20代前半の女性にとっては華々しく見えるものだ。溢れるばかりの若さと美しさを世に認められた立ち位置なのだから。「やりたくてもできない仕事だよ」と私が言うとエミリは「そんないいもんじゃないですよ」と苦笑する。光りの強さだけ影があるのかもしれない。

そのころ芸能事務所に所属していたエミリは雑誌の専属モデルとして活躍し、ときにテレビに出演することもあった。徐々に母親の体調も安定し、都心部に生活の基盤を置くようにもなった。仕事のオファーは途切れることはなかったものの、やがてギャラの未払いが目立つようになっていった。事務所への不信感が募っていた矢先、AVにスカウトされる。19歳が終わるころだったという。

元タレントの肩書きに単体デビューのオファーが

「最初はもちろん断りましたよ。でも半年以上、ずっとそのスカウトから連絡があって、やりとりしているうちに徐々に今の事務所に遊びに行くようになって。会長や社長、当時いたスタッフとも仲良くなって、遊びに連れて行ってもらったり。もちろん『あぁ、この人たちはいつか私にAV出てほしいんだろうな』って、内心思って接していましたけど」

そんな中、芸能人専門レーベルMUTEKIからのデビュー話を持ちかけられた。元タレントとしての肩書きを存分に活かした単体デビューのオファーだ。ギャラも破格だ。当然、エミリは悩んだ。

「そんなときふと『マスカッツに入れば？』って言われたんです。『彼女たちみたいにAV女優だけどテレビに出たり、タレントとしての仕事もやっていけばいいんじゃない。だってあれ、脱いでないよね？』そんな風な話をしたかな。なんかそのときは納得してしまって。よく考えたらツッコミどころもあるけどいわゆる『間違っていない』っていうやつですね（笑）。あとはキャバやモデルとして働いていたけど、正直、人生を変えたかったというのもあったかな」

現状を「なにか」変えたかった。

「理屈じゃないかも。キャバは稼げていたけどやりたい仕事じゃなかったし、でも生活していく上でそれしかなかった。だからず～っとモヤモヤしていたの。やりたいことをやっているわけでもないしなって」

メーカー面接を受け、すぐに撮影の日程も決まっていった。モデルとしての活動を応援していた友人、恋人、親には一切、相談せずにいた。

「デビュー作の撮影前日、ふと『自分が選択したことってとてつもなくヤバいことなんじゃゃないか』って考えました」

ことの重大さがリアルに迫ってきた。その夜は一睡もできないまま翌朝、現場に向かい、葛藤と緊張の中、初ＡＶの撮影は慌ただしく過ぎていった。

「撮影して、もう自分のＡＶが世に出ることが確定して、さぁどうしようって改めて考えましたね。で、そのとき付き合っていた彼氏が広告代理店で働いていたんです。作品の情報って発売1ヶ月前に情報解禁されるでしょ。その人は大手通販サイトの仕事もしていたから、バナーや広告ですぐにバレる環境だったんですよね」

恋人は激昂。母親からは絶縁される

恋人には自ら打ち明けた。

「『お前ふざけんなよ。殺す！』って包丁を突きつけられましたね。5年くらい付き合っていたし、将来的には結婚も考えていたと思うんです。だからこそ一層、私に対する憎しみがヤバかったんでしょうね」

両親の離婚からエミリの苦労をそばで見てきた恋人は、彼女の告白に逆上した。

「でもそのとき、『私、この人に殺されるんだったら本望かな』って思いました。それぐらい情はあった人だから」

　幸いにも警察沙汰にはならなかったものの、AVデビューの話は恋人からエミリの母親に伝えられた。しかし最初、母親は取り合わなかった。

「『何、言ってるの?』『あの子がそんなもの出られるわけないじゃない』って。母は風俗とかヌードを毛嫌いする人で。そもそもその手のものが大嫌いな自分の娘がそんなことするはずないっていう発想。そういうレベル」

　しかし、母親の耳に入ってしまった以上、あとには引けない。事務所の人間も一緒にエミリの母親に電話をかけ説得を続けた。「アダルトなイメージDVD」「絡みといってもVシネ程度のゆるいもの」など大人特有の、何重ものオブラートに包まれた言葉も母親の前にはその効力を発揮することはなかった。

「母親からするとヌードになった時点でダメなんですよね。そのうちに電話も着拒されたし、家にも入れてもらえなくなりました。デビューすることについて会って話すことがないまま、母親とは一切、連絡が取れなくなりました」

　ある日、エミリが引っ越し手続きのため役所に住民票を取りに出向くと、それまで母親の戸籍にあった自分の名前がなくなっていた。

「戸籍を抜かれていました。窓口で調べてもらったら私の籍はお父さんのほうにあって。そのとき『本当に勘当されたんだ』『絶縁されたんだ』って突きつけられたね。仕事頑張るしかないな〜って」

　しかし、エミリは母親への毎月の振り込みは欠かさなかった。

「事務所の人が電話で話したときにも母親は、『もう、お金も送らなくていい、お前の金なんていらない』って言っていたんですよ。もちろん、払わなくてもよかったのかもしれない。でも口ではそう言っているけど、生活きつくなるのは目に見えているし、会えない、連絡取れない、その中で唯一私ができることはお金を送ることしかなかった。責任感というよりも罪悪感ですね」

　ＭＵＴＥＫＩから発売されたデビュー作「BEAUTY GIRL」はヒットし、２０１２年３月からは単体メーカー・アイデアポケットの専属女優となり順調にリリースが続いた。元モデルという肩書きと、ギャルＡＶの流行も追い風となりエミリは一躍売れっ子女優となっていった。徐々に彼女のケータイには、見知らぬ電話からの冷やかしの電話も増えていった。地元の知り合いの知り合い、そのまた知り合いだろう、とエミリは語る。

「『丘咲エミリちゃんですか〜』とか『ヤラせろよ！』とかいろいろかかってきましたね。モデルの仲間でもいろいろ言う人もいたし、風当たりは結構強かったかもしれない」

母親と和解するも仕事の話は一切しない

やがて3作目の作品が発売されたころ、突然、エミリの元に母親から電話がかかってきた。約半年以上ぶりに母娘は会話をした。

「電話はびっくりしました。なにがきっかけかわからないけど、とにかく母は泣いていましたね。『あなたのやっていることは、私には理解できないし、理解したいとも思わないし、軽蔑しています』って。地元でもいろいろ言われたりしていたし、母にも辛い思いをさせてしまったからその点は私も誠心誠意、謝りました」

しかし、母の口からは意外な言葉が続いていった。

「『ただ、私がお腹を痛めて産んだ娘には変わりないから。これからは娘として接していくね。仕事だけは許してないし、理解していないし、それだけはわかって』そう言ってくれました」

「娘として接していく」ありがたい言葉だった。

「ただ……」エミリはゆっくりと、しかしはっきりした口調で続けていく。

「ただ私は、『ここで引けない、辞められない』そう伝えました。ここで辞めたら、ほら見たことかって後ろ指をさされる。『あいつ脱いだよな』『堕ちたよな』って言われて終わるだけ。何かしら結果を残さないと私、辞められない。そう言ったのをよく覚えています」

もう後戻りできない。エミリの言葉を聞いた母親は「わかった」そう一言つぶやいた。

「私の熱意や負けず嫌いなところや、言っても引かないところ、いろんなところを考えた上での『わかった』だと思うんですよね。母も我が強い人なので一度猛烈に反対したものを『ああそうですか』とは、すぐには認められないと思うし」

そして母娘は徐々にその距離を縮めていく。今では頻繁に電話で話し、可能な限りエミリも母の元に足を運んでいるという。

「実際に顔を合わせるときは仕事の話は一切なし。ただの母娘って感じで過ごしています。でも私がテレビに出たりして、母親がたまたま見たりすることもあるみたいでそんなときは『お仕事、頑張っているんだね』ってメールが来たり。そりゃ母親からしたらAVは認めたくないのは当たり前。無理やり話して、認めてほしいって思うのはおかしな話だろうし、今はただ頑張っている姿を見続けてもらっているって感じかな。もう認める、認めないっていう次元じゃないかもしれない」

父親は大人になった娘にもはや何も言えない

実は母親と和解をする数ヶ月前のタイミングでエミリは自ら父親にAV出演の話を打ち明けている。

「ずっと連絡取ってなかったのにいきなり『今、恵比寿にいるんだけど近くにいるんだったらご飯食べない？』って父からメールがあったんです。正直、そのときは腹が立った。母と離婚してから慰謝料も養育費も1円も入れなかったし、私が苦労してきた何年かを一切無視していた父親は、私にとっては単なる『憎い人』でしたから。『ふざけんなよ』って気持ちでいっぱいだった。でもなんか……ふと『行ってもいいかな』って気になって会いに行ったんです」

渋谷で待ち合わせ、寿司屋に入った。父娘はカウンターに並んで座り、ちょうど2貫目の握りに手をつけるタイミングでエミリはこう切り出した。

「私、AV出るんだよね」

「サラッと言ったんです。お父さんが固まっているのがわかりました。当然殴られるのも覚悟していましたよ」

娘の突然の告白に意表を突かれた様子だった父親だが、すぐにこう言った。

「『そっか。お前の人生だからこれからは親のためじゃなくて自分の人生を生きなさい』って。男だから飯島愛さんや及川奈央さんみたいな人もいるって知っているから『そこから頑張って目指すものもあるかもしれないしね』なんて話をしていました」

　父親は声を荒らげることもなく、終始黙々と寿司を口に運んでいった。

「この話をするとみんなからは『寛大なお父さんだね』って言われるんですけど、全然そんなんじゃないですよ。私にあれこれ言える立場じゃなかったってだけ。今さら、父親ヅラして説教なんてできないですよ。私も20歳超えた大人だし、『なにも言えない』というのが本当のところですよ」

　切り捨てるようにエミリは話し続ける。その後、父娘は渋谷駅で別れた。

「駅前で別れて、しばらくして振り返ったんです。そしたらなんかお父さん、すっごい小さくて。父親って怖いとか大きい、そんな認識だったけど『こんなに小さかったかな』って思って。そう考えていたら涙が出てきた。複雑な気持ちでしたね。そしてそのとき『この人のことをいつか許さなきゃいけない』って思ったのも覚えています」

　その数年後、かつて飼っていた犬が死んだという知らせを受けたエミリは父親の暮らす家に久々に足を運んだ。

「お父さんの家のリビングにビデオがたくさん並んでいる棚があって、ふと見たら私が主演のVシネとか棚に飾ってあったんです。私から具体的な仕事の話なんて一切していなかったけど、そのときになって『応援してくれていたんだな〜』って思いました」

父親のことを許す日も遠くない、少し口元を歪ませてエミリは笑った。

「胸張ってAV女優やってます」

「この仕事をやっている5年の間にAV女優に対する見方がすごく変わったのを感じるなあ」

少し遠い目をしてエミリは語る。

「私がデビューしたときって今みたいにAVは身近ではなかったな。でも3年くらい前からかな。街を歩いていて女の子に『ファンです』って声かけられることが増えたんですよね。たった数年でもそういう時代の変化ってあると思いますね」

2011年のデビュー時には彼女がAVに出演することについて地元でも噂が流れたものだったが、つい最近、なんと彼らから仕事のオファーが来た。

「『イベントで集客したいから、手伝って』って。一度、脱いだらなにか結果を出すまで引くに引けないって思ってたけど、この時点で少しは認められたかなって手応えを感じましたね。そういう意味でも引退するタイミングを自分で決められるのはありがたいことです。売れなくなって消えていくのはイヤだから」

この5年間で彼女なりの人生の「区切り」がついた。引退後はタレントとしての活動は続けていく予定だが、いずれは結婚や出産も考えている、とエミリは言う。

「AV業界の人が子ども産むと、女の子が生まれることって多いですよねえ。何かの定めなのかな。そう言ってる私だって子ども産んだら女の子が生まれそう、アハハ。子どもがAVをやりたいと言ったら……う〜ん、もちろん最初は反対しますね。だってラクな世界じゃないし、ぶっちゃけ私ももっとラクなものだと思っていたしね（笑）。やってみたら辞めたいと思ったことっていっぱいあったし。『AVをやらなきゃよかった』『なんで脱いじゃったんだろう』って。だけど一方で自分の選択した道を間違いにしたくなかった。間違ってなかったんだって自分自身に言い聞かせていた部分もあるし、自分を正当化しなきゃならないこともあるしね。そのときはこういうことを話して、もしその子がそれでもやりたいのであればやらせますね」

他者に向ける言葉は実は自分自身に向けて発したものなのかもしれない。

「胸張ってAV女優をやっています」

「私、もし子どもができたらしっかり話すと思う。親にもこの仕事のことを話してきたし。つい最近、現場でもそんなことを話していたんですよ。そのときにご一緒した男優さんは子どもがまだ小さくて仕事のことは知らないけど、幼稚園の父兄は自分の仕事を知っている、とか言っていたな。でもやましいと思うと、途端にやましいことになっちゃう。いつかはどこかで向き合わないといけないことだから」

コラム

AVアイドルユニットの存在が親への説得材料になる

AV界と一般の世界をつなぐ「恵比寿マスカッツ」

「『マスカッツに入れば?』って言われたんです。『彼女たちみたいにAV女優だけどテレビに出たり、タレントとしての仕事もやっていけばいいいんじゃない。だってあれ、脱いでないよね?』そんな風な話をしたかな」

モデルにして売れっ子キャバ嬢だった丘咲エミリはAVデビュー時に事務所の人間からそんな風に言われたという。

「マスカッツ」とはAV女優によるアイドルユニット「恵比寿マスカッツ」のこと。2008年に始まった深夜バラエティ番組「おねがい!マスカット」の開始と同時に結成され、初代リーダーは蒼井そら、メンバーは麻美ゆま、小川あさ美、佐山愛、西野翔、初音みのり、吉沢明歩、R.ioなどトップAV女優ばかり。またAV女優以外のメンバーには現在はレスラーとして活躍している安藤あいか、グラビアアイドルだった川村りかも名を連ねている。

2010年には初シングルCD「バナナ・マンゴー・ハイスクール」が発売され、計9枚のシングルCD、2枚のアルバムをリリースしている。番組名は2009年には「おねだり!!マスカット」、2010年に「ちょいとマスカット!」「おねだりマスカットDX!」、2011年に「おねだりマスカットSP!」と変わっていくと同時に恵比寿マスカッツも卒業、新規加入などメンバーチェンジを繰り返していく。13年、番組終了と同時にユニットも解散。舞浜アンフィシアターでの解散コンサート「女の花道〜卒業式〜」では30人のメンバー全員が卒業し、会場には約2200人ものファンが来場したと言われている。その後、2015年8月には新メンバーを募り「恵比寿★マスカッツ」が結成され、「マスカットナイト」として後継番組が開始されている。リーダーは明日花キララ、副キャプテンに川上奈々美が就任。現役人気AV女優やグラビアアイドルなど計33名の新メンバーが出演し、全国各地でライブ活動も行っている。

前述のエミリの場合のように、AV出演を決める際に「マスカッツ」という単語がアプローチ材料になることがある。いかがわしさは格段に薄れ、人によっては「地上波に出られる」というセリフによって有名願望が刺激されることもあるだろう。1990年代には、街行くスカウトの常套句として「飯島愛さんみたいにならない?」というものがあったと都市伝説のように言われているが、現在のマスカッツはAV界と一般の世界をつなぐハブ的存在とも言える。

「Ｒｉｏちゃん、希志あいのちゃん……テレビで見ていて可愛いと思う人がみんなＡＶ女優だったんです。最初はビックリしましたね。特に私は希志あいのちゃんのファンでした」

２０１６年７月に大手老舗メーカーのアリスＪＡＰＡＮからデビューしたあかね葵はデビュー時、筆者とのインタビューでこんな風に話していた。

「最初はＡＶの人が出ていると思わなくて。おぎやはぎさんとかが出ているから、女の子たちもグラビアの人たちばかりだって思ってた。マスカッツを知ったころからＡＶも見るようになって、そのうち『自分もＡＶやってみたい』って思うようになりましたね」

芸人にコテンパンにいじられ、煽られ、ときに体当たりでヨゴレ役ともいえるパフォーマンスに挑む姿は、いい女然としたセクシー女優のイメージとはかけ離れ、同性の目から見ても親しみやすい存在だ。世の一般女性にとっても「マスカッツ」がこれまで知らなかったＡＶという世界を知るきっかけにもなる。

またその現象は日本国内にとどまらず、海外でも起こっている。番組が放送されると熱心なファンによってすぐさまオンエアの内容は動画投稿サイトにアップされ、過去の放送までもさかのぼって視聴できる。また現在放送されている「マスカットナイト」は、公式にＤＭＭ.ｃｏｍのサイト内で見逃し配信が実施されているし、台湾においてはＳＶＯＤサービス

KKTV（台湾居住者のみ視聴できる配信サイト）での配信も開始している。ユニットとしても海外進出の気運は高まり、2016年7月には第2世代「恵比寿★マスカッツ」のデビュー曲「TOKYOセクシーナイト」の中国語バージョンがリリースされている。

2014年11月にAVメーカー「V&R」からデビューした女優、ヴィクトリア・ユキもネット上でマスカッツを知った一人だ。イタリア出身の彼女は14歳のときにモーニング娘。を知ったことがきっかけでアニメや音楽など日本文化に夢中になる。やがて恵比寿マスカッツの動画を投稿サイトで見るようになった彼女は、みひろに憧れを抱くようになったという。

「15歳のころ、いつものように日本のサイトを見ていたら『みひろ』を知ったの。すっごくかわいくて、最初はまさか彼女がAV女優とは思わなかったわ。それまでポルノにはイカガワしい印象しかなかったから、衝撃的だったわね」

ヴィクトリアもまた、冒頭のあかね葵と同じ趣旨のコメントをしている。

「(みひろ以外にも) R.io、希崎ジェシカ、希島あいりが大好き。カラオケでは恵比寿マスカッツの『バナナ・マンゴー・ハイスクール』が十八番よ」

（DMMニュース http://news.dmm.co.jp/article/895140/）

当然、恵比寿マスカッツのメンバーをテレビで知って彼女たちに憧れたからといって、すべての女性がAV女優になるわけではない。また特に新人女優のインタビューではそのイメージを確立すべく、フィクションが含まれることも度々あるので鵜呑みにはできないと捉える向きもあろう（前述の例の真偽はさておき）。しかしその点を差し引いたとしてもマスカッツはアイドルと並ぶポップカルチャーとして認識され、AV界のイメージを向上させたという事実は明らかである。

また恵比寿マスカッツのブレイクをきっかけにAV女優によるアイドルユニットが次々と生まれていく。

2011年にはパラダイステレビがプロデュースをする「マシュマロ3D」、アリスJAPAN専属女優による「アリスた〜ず★」、翌2012年にはPINKEYのデビューシングル「LOVE BEAT」で、ジャケットなどのビジュアル面を写真家・篠山紀信が監修したことも話題になった。2013年には成瀬心美や神咲詩織、波多野結衣らによる「me-me＊（ミーム）」が結成され、国内のみならず台湾でもライブを行った。彼女たちが空港に到着した際には大勢のファンが押しかけ、警備員が動員される騒ぎにもなったという。2014年には紗倉まなと小島みなみによる2人組ユニット「乙女フラペチーノ」、2015年2月には、初美沙希や湊莉久などによる5人組ユニット「KÜHN（キューン）」が続々と結成されていく。同年7月末には、大手AVレーベルmillion専属女優の星美りか、佐倉絆などによる「ミリオンガールズZ」が「I♥（LOVE）MGZ」をリリースし、恵比寿マスカッツ以来のメジャーデビューを果たした。

もはや単体女優だけでなく、メーカーと専属契約を結ばなくても人気のある企画単体女優の多くは、何かしら「アイドル活動」をするのが主流となり、業界のトレンドとなっているのだ。

その背景には、2008年のリーマンショック以降、これまでのように単に作品を発売するだけでは十分な売り上げを得られなくなった業界全体の売り上げ不振が挙げられる。AV以外のジャンルで知名度を上げ、幅広いファン層を獲得し、本業のAV女優としての延命を画策する、という意図もある。

またこれらの活動はデビューを迷っている女性に対して出演を促す材料となるだけではなく、すでにデビューしている女優たちにとってもモチベーションとなることも多い。

「イベントでファンの人の顔を見ると『この喜びのためにやっているんだな』って思ったんです。イベントが楽しかったからここまで続けられたんだと思います」

〈親公認AV女優4〉に登場した西川希美（仮名）もその一人だ。処女のままデビューしたのち、いまひとつAVの撮影には馴染めなかった彼女だが、サイン会やバラエティ番組の仕事には「アイドルになった気持ちになれた」「撮影だけしかお仕事がなかったらもっと早くに辞めてましたね」とその心情を吐露している。彼女の場合は、番組の収録やイベント会場を母親が訪れて、AVアイドルとしての活動を目の当たりにし、公認していったという点も興味深い。

「うちは所属女優にはグラビアや舞台、アイドルユニットでの活動……アダルト以外の仕事をさせることも意識していますね」

とあるプロダクションのマネージャーは語る。

「AV以外のジャンルで評価されるのも、そもそもはその女優がアダルトをやっているから、という点も大きいです」

彼によると、一度、裸になったからこそ、脱がない仕事で注目される、脱いだからこそ脱がない仕事のチャンスを摑める、という。脱がないままでは、なかなか世間の注目は集められない。「脱いだ」という知名度を追い風にして、世間一般のアイドル以上の人気が得られるという。この手の話は一歩間違うと「脱げば有名になれるよ」という悪徳プロダクションの誘い文句になる危険性もあるし、本人の意志がないがしろにされてしまうと「洗脳」や「出演の強要」と言われてしまうおそれもある、なんともデリケートなところだ。しかし実際に希美のように自ら割り切ってアイドル活動とAV撮影を両立する女優がいるのも事実である。

「AV女優も人気商売。そもそもバレないでやるっていうのが矛盾していますし、知名度を上げるにはバレを恐れずに地上波や雑誌、ライブに出ることが欠かせない。本人たちへのモチベーションを作ることはもちろん、親や友人への説得材料を増やすのも事務所の仕事です」

また常にライブ会場にベタ付きをしているという別のマネージャーはこんな風にも話していた。

「いかんせん負けず嫌いな子も多いので最初は歌やダンスが下手な子でもやっていくうちにプロ意識が芽生えてくることが多いです」

これらのイベントやアイドル活動の報酬、つまりギャラは通常の絡みがある撮影と比べると格段に安い。1日あたり主催者側から支払われるのは数万円ほど。イベントの規模にもよるが多くの場合、メイクも自ら行い、拘束時間も朝から晩までと比較的長いものだ。

「稼ぐ、という風には考えていません。プロモーションの一環として捉えていますね」

前出マネージャーは語る。

ほぼ無償といっていいプロモーション活動で世間におけるAV女優、いや「セクシーアイドル」としての認知度が高まり、ファン層を拡大していく。当然、バレのリスクも高まっていくが、人気も上がる。人気が上がれば仕事のオファーも増え、結果として本人たちの収入も上がる。不況にあえぐ昨今のAV業界においては、「ギャラの少ない仕事をすることが稼ぐ秘訣」と言えるのかもしれない。

マスカッツは親への説得材料

国内外、18歳未満の女性にまで広く浸透し、市民権を得た「マスカッツ」。そしてその影響によって生まれた数々のAV女優によるアイドルユニット。当然、当事者たちにおいてもその影響は大きく、親公認劇にもその効力を発揮する。

「親に対しても、目に見えた仕事ができるようになったという意味でマスカッツが始まった影響は大きいですね」

現在、「恵比寿★マスカッツ」の副キャプテンを務める川上奈々美は語る。

2012年1月にデビューした川上は、処女作が発売された約半年後、3つ上の兄がネット上で彼女の作品を見つけたことをきっかけに親バレの修羅場を迎えた。特に性に対して潔癖な母親からは激怒され、猛反対にあった。

「あんたをこんな子に育てた覚えはない。信頼関係をなくしました」

父親は寛容に理解を示したものの実家とは一時、疎遠になった。正月の帰省もしなかったという。しかし約1年後、彼女は初めて舞台に出演した際に両親を招待する。

「舞台を観にくるように誘ったらお母さんは『エッチな仕事以外だったら応援したいから行

くね』って（苦笑）。どんな内容かは一切触れずに誘ったんですけど、私の中でこれは一か八かの賭けでした」

というのも舞台は秘密や事情を抱えたまま合コンに集まる男女の群像劇、彼女は「AV女優・川上奈々美」であることを隠し、飲み会に参加した女の子の役を演じたのだ。

「そこでは『両親は反対しているかもしれないけど私はこの仕事を誇りに思っている』という自分で考えた長ゼリフを言う場面がありました。最後、お客さんをお見送りしていたらその中にボロボロに泣いているお母さんがいました。『ありがとう、よかったよ』って言って帰って行きましたね」

それがきっかけとなり再び関係を修復し、母娘は電話で少しずつ話すようになる。舞台には毎回、両親揃って足を運ぶようになった。

「電話で話していても、私がAVっていうワードを出したら途端にキーッてなっちゃって『そういう仕事は嫌だから、早く芸名変えて脱がない仕事をやり直して』って言うんですよね、いつも。舞台を観にきていてもAVは、ずっと嫌なんだな〜って思っていました」

しかし彼女はAVの仕事を続けていった。

「私もすごい頑固なので、その都度、母親には思っていることを言いました。『この仕事、思っているより悪い世界じゃないし誇りを持ってやってるし、私は楽しいの』って。ちょうど両親にこの仕事がバレた時期って、私の中でモチベーションを見つけたころだったんです。それまでは精神的、肉体的にも辛かった。『私、おっぱいもないし、エロい体でもないのにこの仕事していていいのかな』って迷いもあって。でも監督や周りの女優さんと話していくうちに『ファンの人は、女優さんを育てるっていう喜びもあるから、君のエロさよりも君が一生懸命に頑張ってる姿を応援してくれているんだよ』って言われて『努力が報われる場所なのかな』って思うようになったんです。もともと引っ込み思案だった自分を変えたいと思ってこの仕事を始めたというのもある。そんなことを一生懸命に言っても、母からは反対しかされませんでしたけどね（苦笑）」

とは言うものの、AV女優の仕事を続けることは決してラクではないと川上は語る。

「『普通の女の子だったらこんなに頑張らなくてもよくない？』と思うことがたくさんありますよね。親との信頼関係がなくなることもそうだし、プレッシャーもある。悲しい経験もたくさんあったし、辞めたいと思うことは何度もありましたね」

そんな中で川上は「マスカットナイト」のオーディションを受け、「恵比寿★マスカッツ」のメンバーとなった。CDジャケットではセンターとなり、ライブではMCも務めている。また第2世代マスカッツが始動した2015年10月には出演した映画「下衆の愛」が東京国際映画祭に出品され、彼女が振袖姿でレッドカーペットを歩く様子がニュース映像に映った。AVの撮影以外の仕事も増え、着々とキャリアを積み重ねた様子は華々しく映る一方で同時に悩みも増えたという。ある日ふと川上がいつものように電話で話す母親に「辞めたい」と弱音を吐いた。

「『今さら途中で辞めるなんてダメでしょ』って言われたんです。びっくりしました。母は、ずっとこの仕事に反対していた人なのに」

その変化を彼女はこんな風に分析している。

「母親自身、ここ数年で大きな病気をして考え方が変わったのもあるんですけど、番組が全国で放送されるとか、ジャケットでセンターになったとか、わかりやすい材料が必要だったみたい」

舞台、映画、そしてマスカッツ。AV以外の仕事によってAVそのものを受け入れてもらったと言えるのかもしれない。脱がない仕事が脱ぐ仕事への説得材料になっていったのだ。

「今は『AV女優』という肩書きを一つの武器にしています。最初からアイドルとしてスタートしているより、脱いでいるだけに肝っ玉は据わる部分もあると思うから」

AV女優らの地上波番組への進出、全国規模のライブ活動が親を「説得」する材料となったとはいえ、必ずしもAVへの出演を「納得」させられるとは言えない。2016年に惜しまれつつ引退した人気女優、かすみ果穂は、2013年の卒業ライブに両親を招待した。その際のやりとりをこんな風に話してくれた。

――マスカッツの解散ライブには親御さんもいらしていたとか。娘の晴れ姿は嬉しかったでしょうね。

そうですね。でも親は今でもAVの仕事をするのには反対だと思いますよ。

――そうなの？ ここまでやり遂げたら認めてくれるものでは？

う～ん、わかんない。「頑張ってるんだね、えらいね」って言ってくれるけど本当の本当は辞めてほしいと思ってるのはわかる。

――どうして？

マスカッツ最後のライブのあとに長文メールが来て。「すごい頑張りましたね。周りの人がすごい支えてくれたからアナタは頑張れたんですよ、幸せものですね。本当に恵まれている環境にいるんだね」って書いてあって。でもそのあとに「でもここからは自分の人生を大事にしてね」って。その一言に「早く（AVを）辞めて、自分を大事にして、結婚して子ども産んで孫の顔を見せてね」という親の想いが詰まっている感じがしました。

（「有名AV女優インタビュー」http://tantai.marks.fm/kasumikaho_vol3/）

もちろん結婚して、子どもを産む、そうやって親の「理解」を得ることが必ずしも自分のやりたいこととイコールではないだろう。職種は違えども同じ業界で働く私もいつもこんな風に堂々巡りに陥ってしまう。そしてそんなとき必ずマスカッツの一曲が脳内をリフレインしてしまうのだ。

誰でもいつかはOH YEAH!!! OH YEAH!!!
孝行離脱のパイオニア
朝から晩までRING! RING! RING! RING!
着信あっても出やしない
始めよう 親不孝ベイベー
明日から 親不孝ベイベー ベイベー ベイベー

私もいつかはランラン ランラン
パパママの顔が見たいけど
今まだ会えないNo! No! No! No!

実家はまだまだ帰れない
アメリカで親不孝ベイベー
ホノルルで親不孝ベイベー　ベイベー　ベイベー

親公認AV女優6

1本出たくらいで「AV女優」を名乗らないで

西内莉乃（にしうちりの・仮名）
25歳　北海道出身
母、兄の3人家族　両親は幼少期に離婚
156センチ
スリーサイズ B88（D） W59 H86
2011年に大手メーカーより単体デビューした実力派企画単体女優

すすきのキャバ嬢からなんとなくAV女優に

「始めたのは、完全ノリです、あははは」

ミッドセンチュリー風のスケルトンチェアーとメラミン製の白テーブルが並ぶ部屋に莉乃の少し乾いた声が響き渡る。ガラス張りのドアの向こうでは、ドリンクメニューを携えた受付嬢がこちらの様子をうかがっている。ここは某プロダクションの応接室だ。西内莉乃は現在25歳、4年前に大手メーカーで単体デビューを果たし、地元の北海道から上京した。専属契約が終了したあとは企画単体女優として活動している彼女は、ロリ系から痴女の役どころまでマルチにこなす人気女優として忙しい日々を送っている。

「その当時、ほぼ毎月、女友達と1週間くらい東京に遊びに来てたんですよ。で、その女友達の幼なじみがこの事務所に女の子を紹介していて。いわゆるスカウトマンですね。その人から『東京に遊びに行くんだったら一回、面接に行ってくれない？』って頼まれたんです。まぁ～、遊びに来ているときってヒマな時間多いし、気軽な気持ちで引き受けましたね。ちょうどそのときお金もなかったし、別にやらなくてもいいや、行くだけ行って、あとで断ればいっか～って」

2011年の3月、物見遊山とばかりにやってきた莉乃と女友達はこの部屋に通された。

「実際に面接に来たら事務所は超きれいでおしゃれだし！　しかもその場でスタッフの人に『じゃあよろしくお願いします』って言われて。こっちも『え、そんなすぐ決まるの!?』って感じで、『じゃあ……お願いします』って。押しに負けてしまいましたね。まあ、でも『最悪、（連絡を）シカトすればいいかな』くらいに思っていたんですよ」

先にAVに出演したのは同行した女友達のほうだった。企画作品に数本出演した友人を追うようにその3ヶ月後、莉乃もデビューした。21歳のときだ。当時彼女は、すすきのにある大手キャバクラに在籍し、撮影のたびに上京した。

「当時は働きたくない病で。なんていうか浮き沈みが激しかった。店の賞金レースで一番になったと思ったら次の月は出勤しないみたいな。そんな時期だったから、とりあえずお金がほしかったんですね。『まあいっか〜1本くらいならバレないだろう』って思ってました。で、やってみたら意外と……」

そこでふと、莉乃は言葉を詰まらせた。そのあとに続く言葉が見当たらない。

「やってみたら意外と楽しかった？」

なるべく前向きな言葉を選んだ私がそう聞くと、莉乃は満面の笑みで

「楽しくないですよーーーーっ！」とおどけた笑顔を浮かべた。

「最初、泣きましたもん。もちろんカメラの前では泣いてないですけど、絡みが終わったら

緊張の糸が切れたのかな。あとやっぱ親のことが浮かんだし。でもこんなんで泣いていると ころを他人に見られたくないし、あたしって結構そういうところ負けず嫌いだから、すぐに メイクルームに行ってこっそり泣いたけど、現場ではとりあえずみんな、よいしょ、よいし ょって良くしてくれるじゃないですか。バレ? もうそんなの事務所の人に『絶対バレない よ!』な～んてウマく言われてますよ! あはは。作品が出てすぐに本名を2ちゃんねるで 晒されて地元の友達には即バレて、ふざけんな! って感じでした。まあ仕方ないですけど。 あはははははは」

テンポよく明るく、そして相当な早口でまくしたてる莉乃の勢いに、私は軽く圧倒されて いた。

キレイで働き者の母。でも寂しくて万引き、家出を繰り返す

莉乃は札幌で生まれ育った。母親は21歳のときに莉乃を出産するも、夫のDVによりほど なくして離婚。莉乃は2つ上の兄と共に母に引き取られた。

「お母さんは、めっちゃキレイな人。離婚してしばらくは化粧品の販売員やってたけど、あ たしが中1のときに水商売を始めて、今も市内でスナックのママをやってます。すっごい働

き者だけど、酔うと友達みたいに抱きついてきて、かわいいんですよ。でも元ヤンだから怒るとチョー怖い！　髪の毛は引っ張られるし、頭から水ぶっかけるし、真冬にベランダで正座させられました」

母親について嬉しそうに莉乃は話す。まるで自慢の女友達のことを語るかのような口ぶりだ。それにしても母親がそこまで激昂するとは一体なにがあったのだろう。

「あたし、小学校のころからよく万引きをしてたんです。コンビニからドンキまで、お菓子からアクセまでいろいろ。物がほしかったのもあるけど、今よく考えたら別にほしくない物まで盗ってた。それって窃盗症っていうんですか？　スリルがたまらなかったんですよね」

幾度か補導され、そのたびに母親には容赦なく叱られた。

「こういうとナンだけど、親が夜の仕事してやっぱり寂しかったですよ。誕生日に一人で家にいて、お母さんがケーキだけ買ってきて『ごめんね』って言って仕事に行くんですよ。はあ～ってなってた。クリスマスなんて絶対、一緒にいられないし、『夜、出歩けてラッキー♪』って思えるようになったのは結構経ってからですね」

万引きこそやめたものの、莉乃は徐々に不登校になり、友人や彼氏の家に入り浸るようになる。なんとか受験はクリアしたものの高校はすぐに休学した。

「さすがに母親とは違ってバイクは後ろ専門だったし、あからさまなギャルとかヤンキーとかではなかったと思うんですよね～。友達と一緒に酒飲んだり、彼氏の家でセックスしたり、他校の学祭に行ったりするのが楽しかった」

親のいない寂しさ、親への反抗か。ついついありがちな言葉が浮かんでしまうものだが、莉乃は決してそれらを自らの不登校や万引き、いわゆる素行不良の原因とは認めない。

「ただ楽しいことをしたくて、友達といるのが好きだった。だからだんだんと授業もめんどくさくなっちゃって、あはは。あの人ももともとヤンチャだったし、あたしも同じ道をたどってたんです」

あの人、とは母親のことだ。

「だから、あの人は余計に厳しかったのかなって思うんです。『お母さんも昔そういうことしてた。だからこそ、今あんたに厳しくしているんだよ』ってよく言っていた。でもそんな風に言われたからって当時はヤンチャするのをやめられるわけじゃなかった。そして『あたしの育て方が悪かったのかなあ』『若いころにあんたとお兄ちゃんを産んだからかなあ』とも言うんですけど、そんなことはないです。そんな風に思わせてしまったのは当時もすごく悲しく感じましたね」

そんな思いを抱えながらも莉乃は、ことあるごとに家出を繰り返すようになる。行き先は友人や恋人の家。様子を察知した母親はすぐに娘の携帯を止め、抜群の捜査能力で彼女を包囲し、連れ戻す。そんな日々がしばらく続いていた。

「高2のとき、家出して連れ戻されて2週間くらい部屋から出させてもらえなかった。『顔も見たくない！』『娘とは思わないから』って言われて……元はといえば自分が悪いんだけどキツかった。で、ある日、親がシャワーを浴びている隙に財布から3万円失敬して逃げましたね。そこから2年半、連絡もしなかったし、実家には帰らなかったです」

ケータイと数枚の着替え、そして3万円が入った財布、まさに着の身着のままで莉乃は家を飛び出した。

「とりあえず男の家に行って、未成年ばっかり雇ってるキャバクラで働きました。寮もあったから」

生きるためにキャバクラ、ガールズバー、カラダも売った

高校には母親が退学届を出した。

「こないだそのころの写真をみっけたんですよ、先月、実家で。見ます？」

そう言って莉乃はiPhoneの画面を差し出してきた。そこには金色に近い茶髪を盛って、濃いアイメイクを施した量産型のキャバ嬢2人が長く色鮮やかなネイルを見せつけるように

ピースサインをして写っていた。

「うわ〜age嬢ってやつだ！　てか、ごめん……どっちが莉乃ちゃん？」

思わず笑いながら私は聞いていた。

「こっち！」

照れくさそうに莉乃が右側を指差す。頬は今より少しふっくらとしているし、目元もやや腫れぼったいがそう言われてみると確かに莉乃だ。

「未成年キャバで働いていたけどすぐにガサ入ってソッコー逃げました。で、そのあとちょうどすすきのにあるキャバグループを経営している社長さんに拾ってもらって。あ、体の関係はなかったです。ただ18歳になったら働くって約束でその店の寮に住まわせてもらいました」

未成年キャバクラ、ガールズバー、ニュークラブ……生きるためにあらゆる仕事をした。ときにはカラダも売った。

「そのころ、相場はホテル代別で2とかイチゴー（1万5千円）かな。ナマだったら3万とか。出会い系のサイトで客を見つけていたけど、冷やかしも多くてマジふざけんなよってよく怒ってました。まあそうやってエンコーしてた時期があるからAVも抵抗なかったのかも」

少しバツが悪そうに莉乃は打ち明ける。さすがに援交話は通常のインタビューではイメージもあるので話すことはしない。ちなみに当時の彼女の月収は平均30万〜40万円ほど、20歳手前の女の子が札幌の街で遊ぶにはかなり贅沢な額だ。

「めっちゃ酒飲んでましたね」

しかしそんなある日、ついに母親と対峙するときがやってきた。18歳になった莉乃が市役所で住民票の写しを取ったことをきっかけに、母親が居場所を突き止め、電話をかけてきた。ちょうど働いているガールズバーが開店する時刻だった。

「本当は自分がもう少ししっかりしたら謝りに帰ろうと思ってた時期だったから、母親の声を聞いただけで号泣してました。そんな私の様子に怒る感じじゃなくなって、これまでどうしてたのか優しく聞いてくれましたね。そしてそのままゆっくり話して和解しました。もちろんエンコーとか言えない話も多かったけど」

ノリで始めたAV女優にプライドが芽生えてきた

和解した母娘は頻繁に連絡を取り合い、こまめに顔を合わせるようになった。同居することはなかったが、ことあるごとに莉乃は帰省し、母娘は適度な距離で穏やかな関係を紡ぎ始めた。そうしている間に莉乃はスカウトされてAV女優となり、地元を離れることとなる。

母親には、東京ではキャバクラで働いている、と告げていた。

「デビュー作が出て半年したくらいかな。マネージャーさんたちと飲んでいたときに親から電話があったんです。ふっと思い出したように『そういえばまだキャバで働いているの？』って言われて。適当に答えてもよかったけど、ずっと隠し通せるものじゃないって思ってすぐに次の日、札幌に帰ることにしたんです」

電話があった翌夜、彼女は母親のスナックにいた。

「で？　で？　仕事って何よ？」

母親は自らの店のカウンター越しにニコニコと莉乃に話しかけてくる。営業時間になってもまだ客は来ていない。店には母娘の他に従業員の女性が一人いるだけだ。

「キャバクラじゃないんでしょ？　グラビア？　風俗……じゃないよねえ」

ややあって母親の顔は徐々に曇り始める。

「アダルトビデオじゃないよね……まさか」

莉乃は首を縦に振る。

「うそでしょ」

そう言った母親の顔は歪み、目からは涙が溢れていた。

「いつからやってるの？」「どうして出たの？」「いつまで続けるの？」

努めて冷静になろうとしている一方で、母親の口からは次から次へと疑問符が放たれていった。

そのとき莉乃はこう返したという。

『理解してもらえないと思うけど中途半端にやってるんじゃなくて、どうせだったら有名になりたいと思っている。こんな職業で理解してもらえないと思うけど……』そう伝えました。母親には『こいつ、AVに堕ちたな』って思われたくなかったから」

ノリで始めた仕事とはいえ、堕ちてはいない。そんなプライドがあったのだろうか。

「次の日の朝、起きたら本当に気まずくて。母親も私のサンプル動画を見たんでしょうね、げっそりしてました。『自分の娘の裸がいろんな人に見られてると思うと……』『あんたとどう接していいかわからないから、ちょっと帰って』と言われました。そう言われたらそのまま東京に戻るしかないですよね。そっからしばらく連絡を取らなかったです」

その年は正月に帰省するどころか、メールも電話もしなかった。約半年の間、音信不通の状態が続いたが、ある日、ふと酒を飲んでいたら母親の声が聞きたくなった。酔いの勢いも手伝って深夜、母親に電話をした。

「半年後に電話したときにはもう母親も冷静になっていました。『お母さんもいろいろ考えたけど、まぁもう大丈夫だから。もう受け入れたし、あんたもあんたで頑張りなさい』って言ってくれましたね」

その後、帰省した際に実家のハードディスクレコーダーを見ると、莉乃が出演した地上波の正月特番が録画されていたという。お笑い芸人とAVアイドルたちがゲーム対決するバラエティ番組だ。

「連絡を取っていなかった間も母親は、あたしのツイッターやブログを見ていたんでしょうね」

莉乃は苦笑いを浮かべる。

「面と向かって辞めろとは言わないけれど、きっと母親はまだ葛藤していると思います。でもその気持ちを抑えて、今こうやって接してくれているのは嬉しいし、ありがたいです」

「お金のため」じゃAV女優は続かない

そこまでして今、彼女がAVの仕事を続ける理由は何だろう。

「ええーっ！　わっかんない！　でももうこれ以外の仕事してるのが想像つかないんですよね

～。最初はノリだったけど今はAVって軽い気持ちでやるもんじゃないと思ってる。そもそも頑張っている他の女優さんに失礼だし、このご時世に売れる作品を作るにはそんな適当じゃダメだし。最近いるんですよ、風俗をやっていて店での売り上げを上げるために1本だけやって辞めるっていう人。『現役AV女優』って肩書きがほしいから。正直そういうのすごいムカつくし、1本出たくらいでAV女優を名乗らないでほしい」

ハッキリとした口調で莉乃は続ける。

「この仕事して泣いたことだっていっぱいあるし、仕事ぎゅうぎゅうのときは全然寝られないし。そういうときって夢でも現場にいるんです。気づいたら、『このあとどうすればいいですか？』とか現場でしゃべってるみたいな自分の声で夜中に目が覚めたり。寝ても覚めても頭の中は仕事、シゴト。今はかなり撮影のペースも落ち着いたから、そんなこともなくなったけど一時期は結構、追い詰められました」

聞くと莉乃にとってAVは、初めて「長く」続いた仕事だという。キャバクラやガールズバーに勤めていたころは一つの店に半年以上、在籍したことがなかった。

「『必要とされている感』がお店とは違うんですよね。やりがい、みたいな感じかな」

最後に恒例の質問を投げかけてみた。

——もし自分の子どもがAV女優になりたいと言ったらどうする？

「どうして出たいの？　ってまず聞きますすね」

　そう言ったあとにしばしの沈黙が流れた。

「……やらせたくはないですよね。いやぁ〜やらせたくないなあ〜！　あ、別に『娘の裸が他人に見られるから』みたいな理由じゃないです。というのも、こないだデビューする前に一緒に面接に行った友達が彼氏に『AVに出ていたやつとは結婚できない』って言われてたんですよ。確かにそういう考えの人っているだろうし、隠していても限界あるじゃないですか。先のことまで考えると娘だったらやってほしくないなって思う。それはあたしが今、自分でもいろいろ感じているからこそ。これからどうしよっかな〜ってやっぱり考えちゃいますよ。まあムダに考えたり病んだりしないようにはしているけど」

「はぁ〜」と大きなため息を莉乃がついた。

「やるな、とは頭ごなしには言わない。でも『お金のため』だけだったら反対する。『じゃあキャバや風俗で稼ぎなさい』って言うだろうな。だって『お金のため』だけじゃ、絶対に続かないから、AV女優は」

コラム
AV女優へのきっかけはノリ

軽い気持ちのはずがいつしか芽生えるプロ意識

「1本だけで辞めようと思っていた」

取材をしているとそんな言葉をよく耳にする。特にベテランや実力派の女優から聞くことが多い。ちょっとした冒険心とノリで。バイト感覚で。そこに深い理由はない。しかし一度、AVに出たら楽しいことばかりではないけれど、気づいたら続いてしまった。

〈親公認AV女優6〉に登場した西内莉乃（仮名）もそんな女優の一人だ。

デビューについては「始めたのは、完全ノリです」と言っていながらも、インタビューの最後には「今はAVって軽い気持ちでやるもんじゃないと思ってる。そもそも頑張っている他の女優さんに失礼だし、このご時世に売れる作品を作るにはそんな適当じゃダメだし」と一人のベテラン女優としての意見を述べている。そんな極端ともいえる変化のグラデーションを追いたくて、ついこちらも話を聞いてしまう。

莉乃の話を聞いて私が思い出したのは、2016年に引退したかすみ果穂の例である。2

005年4月「かすみ果穂 Debut～デビュー～」（SODクリエイト）でデビュー、バランスの取れたスタイルと抜群の演技力やバラエティセンスの高さ、そしてセックスになると突如としてメスの表情になる天性のエロさによって高い人気を誇った彼女は約11年の間、業界の第一線で活躍していた。初代「恵比寿マスカッツ」のメンバーとしても広く知られている。

超有名アイドル女優の彼女だが、デビューのきっかけはAVの面接に行く女友達の付き添いだった。たまたまプロダクションにやってきた際に声をかけられたものの、すでにその時点でトリマーの専門学校に通い卒業を半年後に控え就職先も決まっていたため、「1本だけのアルバイト」として始めたという（ちなみに一緒に面接を受けた女友達はAVではなく、風俗の道を選んだ）。「1本だけ」がその後、11年も続くとは、当時、誰が予想していただろう。

——そこでどうして風俗じゃなくてあえてAVを選んだの？

果穂　それがわっかんないんですよね～……。

——おいっ（笑）。

果穂　興味はあった。AVはすごい見ていたし、「どんな世界なのかな～」ってちょっと覗いてみたいから「1本だけやってみようかな〜」ってくらいの軽い感じだったんですけど、それが気づいたら10年になっちゃいましたねえ。
（「有名AV女優インタビュー」10周年インタビュー www.tantai.marks.fm/kasumikaho_vol1/）

職業選択に確固たる理由は必要なのか

私たちの生活は選択の連続である。しかしその中で必ずしも毎回、確固たる決断をし続けているわけではない。決断の理由をときとして説明できないことだってある。思いつきで行動することだってあるし、外部からの勢いが後押ししてくれることもある。衝動的に思い立ってなにかを始めることだってある。

高い志があるのは、もちろんいいことだ。しかし確固たる信念を持っていることは意固地と紙一重とも言える。一方で流されやすいというのは、柔軟性に富んでいるとも言える。「○○さんみたいになりたくて」と有名アイドル女優の名を挙げ、その意気込みの高さをインタビューやSNSで見せる新人女優ほど、数ヶ月後にはその姿を見なくなることが多い。個々の事情もあるだろうが、目標があまりにもピンポイントすぎると続かなくなるのは、なにもAVに限ったことではない。

「特に理由はない」

そう言えるのは潔い。理由はないという事実を堂々と言葉にして発することができる人はどれほどいるだろうか。もしも周囲に流されてたどり着いた地で後悔したことが一瞬でもあり、そしてそれを口にすると「それみたことか！」と言われてしまう。「ちゃんと考えないから！」と。しかし思う。「ちゃんと考えている」人って一体どれほどいるのだろうか。ノリで始めたからこそ、ノリで終わらせたくない。そう思ったから、莉乃やかすみ果穂のような女優は長くこの仕事を続けたのかもしれないと思う。女の意地のようなものも感じる。

では一方で、「確固たる理由」がある場合はどうだろう。

有名になりたくて。セックスがしたくて。恵比寿マスカッツみたいになりたくて。ときに人は、ことAVに関してもっともらしい理由を求める。そしてそのセリフがオリジナリティ溢れる特徴的なものであればあるほど、「それはおかしい！」「そんなことあるわけないだろう」との声が上がる。「なんでこんな子がAVに？」なんて言葉も聞く。

じゃあ今度はどうすればいいのだろう？

なんて言えば正解なのか？　どうなれば納得するのか？

特に親に対しては多くの場合、彼らを完全に納得させる理由や答えは存在しない。ここで挙げた莉乃は母親にAVの仕事を打ち明けた際に「どうせだったら有名になりたいと思っている」と説明を尽くしているが、母親がその事実を受け入れるまで約半年の月日を要している。

「親御さんが心配するのは、周りの大人に騙されているんじゃないかということ。そして反対する理由は『周囲や親戚にどう言おう』『結婚するときに相手にどう思われるのか』という世間体が主なものだと思います」

大手単体メーカープロデューサーはそう語る。

「一度、専属女優として活躍していた子が親バレした当日、彼女と電話で話したことがあります。親に怒られて、実家に戻るように言われていましたね」

その女優は親に怒られ、すぐさま実家へ帰るよう言われていた。しかし彼女は「どうしても続けたい」という意志を電話の向こうですすり泣きながら述べたという。

「さすがに『大丈夫？』なんて言えないし、『そんなに辛かったら辞めてもいいよ』なんて言えないですよね（苦笑）。泣いていたことに対して『辛い思いをさせてごめんね』とは言った記憶がありますけど、正直なんて声をかけていいかわからなかった。そこでなんていうのが正解だったのかいまだにわからないですよね」

何も言えなかった。プロデューサーも女優も電話で共に泣いた。結果、その女優は仕事を続け、数年後には親も認めて、関係は円満になったころ、新たなキャリアを目指し引退したという。

「親御さんにも当然、葛藤や複雑な思いはあるでしょうけど、これまで活躍していった女優たちを見ていたら結局、本人が心底、生き生きやっていたら親は最後にはわかってくれるんじゃないかなと思うんです」

そう彼は続ける。

「だからこそ本人たちにはAVに対して『仕事としてやっている』という自覚を持ってほしいと思っています。メーカー側としても全国のショップでのイベントや営業同行、販促活動を通じて、自分が出た作品に対していかに多くの大人たちが動いているのかを知ってもらおうと思っていますし。『単に現場でエッチなことをしてお金をもらっているんじゃない』というのを僕たちは伝えていますね。そういったことを経てはじめてAV女優になっていくと思うんです。撮影しただけじゃAV女優とはいえない。もちろん人によって、きっかけは応募やスカウト、いろんな入り方がありますが、こちら側としては作品に出た以上は仕事をまっとうしてほしい。『やってよかった』と言ってくれるのが理想ですよね」

カメラの前でセックスをすればAV女優になれるわけじゃない。撮影現場から営業、流通、マネジメント……多くの大人たちが動いていることを知ってはじめて「一人の女の子」が「AV女優」になっていくということだ。

「きっかけはノリで」と言っていた一人の女の子の言葉には相手を納得させる力はないけれ

ど、AV女優の言葉にはその力が生まれてくる。

「1本出たくらいでAV女優を名乗らないでほしい」

莉乃が最後に放ったこのセリフが力強いわけは、もはや言うまでもない。

親公認AV女優7

AV女優を選んだ理由はセックスしたいから

さとう心愛（さとう ここあ・仮名）

27歳　群馬県出身

父、母、兄２人の5人家族

155センチ

スリーサイズ B85（E） W58 H84

AV女優歴3年目の人気単体女優

アイドルAV女優にとって親公認は当たり前

「私、自分の周りを見ると親がこの仕事知ってる女優さんばっかりだし、逆に親に言ってない子ってどうやってるのかなって思いながら連載、読んでいますよ。あ、ミカン食べます？ファンが一箱送ってくれたんです、なかなか甘いですよ～」

サバサバした様子でさとう心愛は語る。12月とはいえまだ暖かな日差しが心地よい昼下がり、ミカンを剝きながら私は心愛と向かい合い、その話を聞いていた。今回、取材を快く引き受けてくれた心愛は、女優歴3年、正統派アイドル系の売れっ子女優だ。月1回の撮影はもちろんのこと、ライブや地上波のバラエティ番組にも登場し、土日はほぼ毎週、サイン会で全国各地を行脚する。数ヶ月に1回は海外のイベントにも呼ばれ、この冬には台湾にも行くという。

そんなアイドル女優の彼女の周りには同じようなアイドル女優が集まる。彼女たちにとっては「親がこの仕事を知っている」というのは当たり前のことのようだ。当然、心愛の両親も彼女の仕事を知っている。ただ、父と母の間では意見が分かれているという。

「父親は認めてくれているけど、母親はいまだにダメなんです。これで親公認って言えるかわからないけど、両方の立場からのお話ができると思います」

こちらの意図を汲んだ心愛の冷静な言葉によって取材が開始された。

「私、デビュー前にお兄ちゃんと両親に自分から話したんですよ。ネットで情報解禁される前に言っておこうと思って。3つ上と5つ上のお兄ちゃんとはすごい仲がいいので、2人とも最初はビックリしてたけど『え、どこのメーカーからデビューするの？』『あ、そのメーカーなら昔、DVD借りたことあるわ』なんて笑いながら話していました。話の流れでデビュー作の写メを見せたら『え？ 何これ？ お前って言われなかったら俺、絶対に買ってるんだけど！』とか、あはは。兄たちとはもともと下ネタも話す感じだし、反対することはなかったですね。ただ一番上の兄からは『とりあえずお母さんには早めに言ったほうがいいよ』とアドバイスがあったので母親に電話したんですよ。兄と私は『お母さんも結構サバけているから大丈夫でしょ』って楽観視してましたね」

淀みなく心愛は話す。確か以前、取材したときは中年男性ウケのよいお色気エピソードをたくさん話してくれた記憶があるが、親について語る際もテンションは変わらない。そんなことを思いながら私はミカンをまた一房、口に入れた。

母は激怒。父はアッサリ賛成

「とはいえ私も結構緊張して電話したんです。『すみません、お話があるんですけど……本当に申し訳ありません、AV出ます』って言いました。そしたら超無言で。しばらく経ったらたった一言『娘は、いなかったことにさせてください』とだけ言われて、電話を切られました。お母さん、激おこなわけですよ。超ブルーでどうしようと思ってソッコーお兄ちゃんに電話しました。そしたらお兄ちゃんは『最初はダメでも根気強く説明してみな』って。で、すぐに『私はとにかく有名になりたい、迷惑かけないようにするし、いつか自慢できるような女優になるから認めてください』っていう内容の長文メールを打ったんです。お母さんは『ちゃんと考えなさい』の一点張りで認めてくれることはなかった。でもまあ言うだけ言ったし、ちょっと時間をおいてみようと思って今度はお父さんに電話しました」

66歳になる父親の反応は2つ年下の母親とは真逆のものだった。

「父親は『マジか〜！ 見るわ！』って(笑)。相当リクッと、でした。昔から父は何をやるにしても頑張れって言ってくれる人で。お金稼げるんだったら別にいいよって。でも差が激しいですよね〜あはは」

ちなみに母親はまだ「激おこ」なのだと心愛は語る。AVデビューしてから母親とは顔を合わせていない。数ヶ月前にパスポート更新のための必要書類を実家から取り寄せた際には「1日でも早く辞めろ」という内容の手紙が同封されていたという。

心愛のAV女優歴は3年であるが、その芸歴は意外と長い。AVを始める3年前、21歳のころからアイドルユニットに所属し、定期的なライブ活動やグラビア撮影をしていたのだ。正直、アイドルには疎い筆者はそのグループ名は知らなかったものの、いわゆる「元芸能人AV女優」と言われるカテゴリーに彼女は属している。

「今の事務所に入るまではアキバのメイドカフェで働いていました。そのころ、着エロをやりたい、と言ったら知り合いが今の事務所の社長を紹介してくれて。でも（事務所に）入ったらすぐにアイドルのオーディションに応募されて、なぜか受かっちゃってアイドルやることになったんですよね。『アイドルになりたくて事務所に入ったら着エロをしぶしぶやらされた』なんて話がベタだけど、私の場合、真逆ですね（笑）」

メイドカフェからアイドルユニットへ。でも本当は〝エロ〟をやりたかった

心愛がメイドカフェで働き始めたのは19歳のときだ。

「18歳で都内に出てきたばかりのときはアパレルのバイトをしてました。服が好きだし、働

いてたら安く買えるし、って感じで。でもしばらくして店長を任されそうになって辞めましたね。もともと時給850円って激安だったし、社員になったらそうそう簡単に辞められないぞって。で、メイドカフェで働き始めたんです。メイドって時給にプラスして写真のバック（多くのメイドカフェではメイド単独、または客がメイドとのツーショットのチェキを記念撮影できる。メイドには、その売り上げに応じたキャッシュバックが行われる）があるから稼げるんですよ。基本、お客さんと話してるだけだからぶっちゃけラクでしたね、もともとアニメ好きだったし、オタクな人もむしろ好きなんでさほど苦じゃなかった。1日5時間、週6日出勤で月20万円は余裕だったかな」

当時、彼女の同僚は二分されていた。ひとつは学生やフリーターで単なるアルバイトとして働いているタイプ、もうひとつはアイドル予備軍だった。アイドルを夢見る女子にとって秋葉原のメイドカフェはスカウトのチャンスも多く、本人にとってもステータスとなる魅力的な場所だ。

「メイドカフェを辞めて芸能のほうに行く子も多かったし、そういう子がアイドルやっていて『楽しそうじゃん』って見てました。でも私はもっと露出の多い着エロをやりたかったんです。実家にいたときからエロが好きだったから。抵抗？まったくなかったですよ」

着エロを志願していたものの、半ば周囲に押されるようにメイドからアイドルユニットの一員になった心愛。傍《はた》から見ればどこまでも眩しいエリートコースを邁進していた彼女だが、常に周囲への違和感を抱いていた、と語る。

「アイドルやっているとき、周りの子がいつも『お金がない』って愚痴りながら生活してるのを見て『私はこういう風になりたくないな』って思ってました。だってヤバいですよ。だいたいライブ１公演５０００円、20回やって月10万円もらえたらいいほう。やっていけないから実家から通っている子が多いし、そうじゃない子は夜、隠れてキャバクラやったり、パパを作って援助してもらってなんとか生活してた」

恋愛禁止のアイドルも生活のために愛人になるのはやむを得ないということか。

「そういう子たちを見ていたら『自分には、もうちょっと他にできることがあるんじゃないかな』って思うようになって、次第に『アイドルやってる暇はない！』ってなった。ただ両親は当時、ブログやツイッターを見たり、なにかと応援してくれていましたね。お兄ちゃんなんて自分の結婚式の挨拶で『妹は東京でアイドルやってます！』って親戚の前で言っちゃうくらい（笑）。AVはアイドル活動をしているときに、自分からやりたいって事務所に言いました。周囲に説得されたわけじゃない。もうそのころは着エロじゃなくてAVをやりたい一心だったので、ギャラの話も一切、細かいことは気にしてなかったですね」

アイドルがAVデビュー。そんな話を聞くと若い女の子が札束を前に大人に説得されるなんともベタな様子が頭に浮かぶ。しかし心愛の場合は違ったようだ。

「私、高校生のときから性欲が異様に強くて。尋常じゃないんです。相手は彼氏だけだったし恋愛は一途なんだけど、1回じゃ足りなくて何回も求めるとか。で、それでも物足りなくて家帰ってから一人でするぐらい。当時から自分でも普通じゃないなって思っていたんです。だからといって誰とでもヤリたいとは思わないタイプなのでますます性欲の持って行き場がなくなって、AVやおもちゃが増えていったんですよね。兄がいたから隠し持っていたエロ動画を見ながら、ありえない格好で自分でやるとか、飼っていた猫にアソコを舐めさせるとか（笑）。『ホントにバカだな〜』って自分でツッコミながらも、性的に試していないことがない人生を送りたいって思ってた。今でもそれは変わりませんね。テレクラキャノンボールじゃないけど『ヤルかヤラナイかの人生なら、俺はヤル人生を選ぶ』みたいな、あはは。ぶっちゃけAVを選んだ理由もセックスをしたいから。しみけんさん、森林さん、黒田さん……有名男優さんともセックスしたかった。でもそう言ったら引かれるかもしれないから、一応周りには『有名になりたい』ってわかりやすい理由を言っておく、って感じです」

高校時代には性欲の強さを持て余しつつも、持ち前の明るさで友達も多く、彼氏もいるいわゆる「リア充」な女子高生だった。しかしある日を境に彼女の生活は一変したという。

父は自分が働けないからAVを反対できない

「私が17歳のときにいきなりお父さんが倒れたんです。脳の血管が切れちゃって。幸いすぐに手術してなんとか一命は取り留めたけど、半身麻痺になってしまって。うち、自営で工場をしていたんですけどそれでお父さん、仕事ができなくなっちゃった」

群馬県にある心愛の実家は祖父の代から町工場を営んでいた。従業員も多く、売り上げも良かったため、子どものころから暮らしは裕福だった。しかし父親が倒れた際、２人の兄はまだ学生だったため家業を継ぐ者はおらず、工場は閉鎖された。

「お父さんが倒れてから、お母さんがパートを始めて激やせしちゃったんですよ。それまで専業主婦だったのに慣れない仕事したからなんですかね、ガリガリになっちゃってノイローゼ状態でした。それを見ていたらかわいそうになっちゃって『まだ私は若いし自分で働こう』と思った。それで大学進学は、やめました」

思うように体が動かない父、慣れないパートに明け暮れる母。父の病をきっかけに家の中の空気は殺伐としていった。

「お父さんは体が動かなくてイライラして常にお母さんに当たってました。お母さんもお母さんで、お父さんが杖をついて歩く音が気に障るとかなんとか言ってイライラして……もう家の中に負のオーラが漂っていて『ここにいたらちょっとヤバいな』って感じた。私は当時、付き合っていた彼氏が埼玉に住んでいたから、そこに入り浸って半同棲状態、ほとんど家に帰ってませんでした」

高校卒業後、半ば逃げるように心愛は実家から出た。それから27歳になる今まで親に一切頼ることなくアパレル、メイド、アイドル、そしてAV稼業で自ら生計を立て、経済的に自立をしてきた。彼女のたくましさに私は「私より若いのにシッカリしてるのはそういうことがあったからなんだね〜」とため息まじりで呟いた。

すると即座に「シッカリしないと生きてけなかったんですよね」という言葉が返ってきた。

「お父さんが反対しないで認めてくれてるのは、自分が働けないから私に強く言えないっていうのもあると思う。負い目、みたいな。この仕事は、それなりのお金がもらえるってわかっているだろうし。私が新聞に出たり雑誌の表紙になったりすると電話で『見たよ!』『俺の娘にしちゃあいいカラダ、してんじゃねえか〜』な〜んて冗談も言ってきたりしますね」

しかし、母親はそうはいかない。

「お父さんがお母さんを説得することはないんですね。昔から2人は意見がまったく違っていたし、だから家族はうまくいっていたんでしょうけど。その都度、私たち子どもはそのどっちかに逃げられるから。お母さんは『親戚の◯◯さんち、また子どもできたんだって〜。

どんだけセックスしてるのかしら〜』とか私やお兄ちゃんと下ネタまじりの冗談は言うけど、実はすっごい真面目で頑固な人なんです。だから最初に電話したときにダメって言われた時点で、もう何を言ってもダメだって感じたんですよ。今後、AVを引退したときに今の経験を活かして自分でなにかビジネスを始めたいな、という思いもあるんです。お母さんはそうなったときに初めて『この仕事していたのも無駄じゃなかった』って納得してくれるかなって思うんです。だから今、現役でAVやってる状態では、なにを言っても無理だし、頑張れば頑張るほどお母さんは嫌な気持ちになるでしょうね」

一息ついて目の前の紅茶を口にした心愛は「ただ……」と少し低い声で続ける。

「娘がそういうことをしてたら、やっぱり嫌だろうなというのは私もわかるんです。私はAV女優の仕事って『偏見があるからこそ』のメリットがあると思う。『偏見を持たないでください』という女優さんの意見はよく聞くし、言いたい気持ちもわかるけど、世間の人が偏見を持つのは当たり前というか仕方ないところもある。偏見があるからこそ他の仕事、それこそアイドルよりも高いお給料をもらってる。私が言うのもなんですけど、セックスって誰とでもしていいものではない。だってどう考えても普通、好きな人としたほうがいいじゃないですか、セックスなんて（笑）。私も結婚願望があるので、娘がもしお金のためにAVやるんだったら止めると思いますね。自分みたいに『セックスしたい』って言われたら、まあ話は別ですけど（笑）」

元彼がAV男優に。母親の気持ちが理解できた

「セックスがしたかった」と言う心愛だが、ここ最近、ある出来事をきっかけにより母親の気持ちがわかるようになった、と言う。

「元彼がいつの間にかAV男優になってたんですよ。たまたまサンプル動画を見ていたら、そいつが出ていて。しかも私がよく知ってる女優さんと絡んでいたから『うわっ！』ってなりましたね。超ブルーですよ〜。昔から知ってる人がセックスしているのを見るのっていい気分じゃないんですよね。複雑……いや、それを通り越して怒りすら覚える。『一体、この人はなにをしてるの？』って。本人がカラダ張って頑張っているのはわかるんですけど、ひっぱたきたくなる、みたいな。お母さんは、ひょっとしたらこういう気持ちなのかなってすっごい考えましたね」

自分の仕事に反対する母親の気持ちを理解しつつも心愛は「AVは天職だと思います」とハッキリした口調で語る。その表情には一点の曇りもない。

「今が一番人生で楽しいって言えます、物心ついてからこんなに夢中になることはなかった

から。ＡＶはお金のためじゃない、そして私が今、この仕事、この生活をめいっぱい楽しんでいるっていうのは、お母さんもわかってはいると思うんですよね」

そう言ったあと、ふと素に戻って心愛が呟いた。

「でもみんな親ってどうしてるんですかね。世間に作品が出たあとでバレちゃったら……」

白いモヘアニットの毛先がエアコンの風でフワフワと揺れている。

「私が言うのもなんですけど、世間がちょっとゆるくなりすぎているようにも感じるんです。『親だからわかってくれる！』というより、やっぱり娘のそういう姿は『親だから嫌』だと思うんですよね。私は自分の選択に悔いはない。けど、やっぱりそこまで私、ポジティブになれないですよ」

親公認AV女優8

AVの仕事が最高の息抜き。キレイで強いビッチになりたい

成宮リリ（なりみやりり・仮名）

20歳　秋田県出身
父、母、双子の姉、弟の5人家族
162センチ
スリーサイズ B88（C） W58 H86
AV女優歴2年目の企画単体女優

AV女優が中学時代から憧れの存在だった

「AVを始めたきっかけはスカウトです。2014年の10月に新宿に買い物に行ったときに駅で声をかけられてその場で『やります!』って言いました」

人見知りしない様子でリリは話す。黒髪のショートカットに形の良いアーモンド型の瞳、若さがギュッと詰め込まれたような丸い頬が印象的だ。取材前、彼女のSNSを見ると昨夜は0時過ぎまで撮影だったと記されている。しかしその笑顔から疲労の色は感じられない。

「もともとAVにはすっごく興味があって。スカウトの人もその場で事務所のホームページを見せてくれて、話しているうちにこの人、信用していいかなって思って」

繁華街でスカウトマンに声をかけられ、そのまま立ち話でAV出演を即決した。当時、リリは大学1年生。進学のために上京して半年、東京で迎える初めての秋だった。

「AV女優さんに憧れていました。普通のタレントやモデルよりも女子力あるし、体力あるし、メンタル強いじゃないですか。最初にAV女優って存在を知ったのは蒼井そらさん。普通のタレントさんかなって思ったけど、いろいろ見たらハードなこともやっていて驚きました。私、周りに男友達が多くて『すごいよね、すごいよね』ってみんなで情報交換してました。中学のころはケータイの待ち受けをAV女優さんにしてダイエットの目標にしていました。その人の名前は忘れちゃったけど。キュッとウエストがくびれていて、脚もスラッとしていてカッコよかった。『同じ日本人でも頑張ったらこうなれるのか！』とか、まだ自分にはマン毛が生えてなかったから『こういう風に生えてくるのか！』って女の子の友達とも話していましたね。それからちょっと経ったころ、上原亜衣さんを知って、ますますAV女優さんに興味を持つようになりました。本当にすごいですよ！　だって忙しいし現場でのプレイはハードなのに笑顔でいられる。疲れているところを見せないじゃないですか。引退しちゃうって知ってすごいショックなんです」

リリを取材したのは2016年3月、ちょうど上原亜衣が引退する2ヶ月前だった。

上原亜衣のツイッターのチェックはリリの日課だ。地元にいるときも彼女が載っている雑誌をコンビニで見つけると必ず買っていた。嬉々として上原亜衣の魅力を語るその表情は、もはやAV女優ではなく一人のAVファンだ。

「去年、とあるメーカーさんの忘年会で『アイチン』さんがいたんです！　これまで思っていたよりもすっごくちっちゃくて、かわいかった！　でも畏れ多くて声かけられなかったです。もう神様みたいな感じ！」

リリは2015年に中堅メーカーの単体女優としてデビューした。計6本の専属契約終了後、現在はロリ系の企画単体として様々なメーカーで撮影している。出演作は半年で40本以上、最近は撮影のオファーが激増。もともと進学にノリ気ではなかったので仕事が忙しくなったことを理由に大学は去年末で退学した。彼女を最近撮ったメーカー関係者に聞くと、その童顔にはそぐわない大人びた乱れぶりとハードなプレイ内容がユーザーにはウケているようだ。どんな過酷な撮影でも乗り切れるスタミナと若さ、そしてロリ系の風貌は少し上原亜衣に似ているようにも思える。

ただ毎度、彼女たちの話を聞いていて思うのは「AV女優に憧れる」ことがどのように「自分がAVに出演する」という考えにシフトチェンジしていくのかということだ。憧れることと自分が脱ぐこと、その2つの点は線になりづらい。私だって安室奈美恵がカッコいいと思っても、せいぜい眉を細くするくらいでダンスを始めることすらなかったわけで。ちなみにリリに聞くと、それまでAVに興味があったとはいえ、プロダクションに自ら応募することはなかったという。

「私が応募したところで採用されないと思ってた。スカウトで背中を押してもらったって感じです」

スカウトマンに声をかけられたのは、まさに渡りに船だった。彼女のデビュー作撮影時には1週間の沖縄ロケが組まれた。DVDが売れない、不況だ、と嘆かれるこのご時世になんとも華々しい女優人生のスタートである。

「憧れていたとはいえ、そのときはまだ『とりあえず現場に行って、遊んでセックスしてればいいや～』って超軽い気持ちでした。でも空港行ったら機材とかいっぱいあるし、スタッフさんもガチで！『これはヤバいぞ！』って思いました。ホテル着いたら台本も渡されるし、すっごいキョドっていたんですよ」

監督の指示にもなかなか上手に応えることもできず、彼女のAV界に対する興味と憧れも数日間の撮影の中で急速に萎《しぼ》んでいった。

「もう全然できなくて、どうしようって。で、最後の3Pのシーンになったときは『男優さんが流れですべてやってくれるから、お任せして。リリちゃんは何もしなくていいからね』って言われました。カメラさん、照明さん、音声さん、スチールさん、メイクさんも全員男性で、そんな中、私が女たった一人でセックスして。それをカメラに撮られているって思っただけで……」

一息ついてリリはこう言い放った。

「めちゃくちゃ興奮して、気持ちよすぎて泣いちゃったんです！」

大勢の男性に囲まれてセックスをした。彼女にとってそれは強烈な快楽体験だった。

「そのときに『これから先、AV女優としてやっていこう』って決めました」

不特定多数の素人を相手にするより安心と、親は納得

親にはデビュー作撮影とほぼ同時期にその決意を自ら告げた。

「バレてから事情を説明するよりも自分から言っちゃったほうがいいと思って。親子の縁を切られてもいいと思って電話しました」

AV業界に興味があったこと、AV女優としてやっていきたいことをストレートに話した。そんな娘の決意に対して両親はどんな様子だったのだろう。

「親は安心していたみたいです」

なんとも予想外の言葉がリリの口から語られた。

AV女優になって安心する、って一体どういうことだろう。

「もともと親は私がエロに対して興味ある子だなって気づいていたみたいで。遅かれ早かれキャバや風俗とかに行くんだろうなって思っていた。ヘタに不特定多数の素人と関係を持って性病になるよりは、AVでプロを相手にして一つの作品としてキチンと撮ってもらったほうがいい。そう言ってAVは賛成していました」

これまで見聞きしたなかでもっともスムーズな親公認劇である。そして親が子どもの性癖を知っていたのだ。

「私、もともと中学から高校の間、ひっきりなしに男の子を家に連れ込んでいて。『彼氏だよ』って紹介する子が毎日違って『一体、何人彼氏がいるんだ!?』って感じで、あはは。親がいないタイミングを見計らって連れ込んだんだけど、途中で（親が）帰ってきてバレたりして。『あんまりセックスしまくっていると性病になったりするよ』って一度、超怒られたんです。で、そういうのをやめようとしたら今度はやめた瞬間にウツっぽくなって。自分で自分に自信が持てなくなって引きこもってしまったんです」

情緒が不安定になったリリは両親の勧めで精神科を訪れた。

「そしたら『タイガー・ウッズと同じ』って言われて。浮気症とかセックス依存症って。でも安定剤は怖くて飲めなかった。そんなウツウツとしている私を見て親ももう諦めたみたいで。だったら好きなことしなさいって。そういうのもあったので私が水商売や風俗に走るんじゃないのかなって考えていたみたいなんです」

リリは自らの性欲を持て余していた。とはいえそこは自慰では我慢できなかったのだろうか。

「オナニーはしない。オナニーで解消できるかなって思ったんですけど性欲が発散できないんですよ。ムラムラが爆発しそうで。『男でも女でも誰でもいい！』って思っちゃう！　撮影でもオナニーシーンは本当に苦手なんです。一度、『スタッフや監督、男性のオチンチンが目の前にあるのにどうして挿れられないの！』って現場で泣いたこともありますよ、えへへ」

小学6年の初体験相手は……

またその男性調達法を聞くと非常にユニークなものだった。

「私、高校3年生まで初潮が来なかったんですよ。アソコの毛が生えたり、おっぱいが膨らんだりするのも遅くて。で、高校生のころって男の子もAV見たりしているうちに中出し願望が出てくるじゃないですか。でも彼女は絶対無理、みたいな。一度、女友達が彼氏に私のことを『友達で生理が来てない子いるから、その子とだったら中出しして大丈夫じゃない』って話したみたい。当然男の子は『マジ!?』ってなってそっから噂がバーッって広まっていって。『生理がまだで中出しOKな子がいる』って、フフフ。うちの学校、ヤリマン校だったからなおさらですね。文化祭のときはいろんな子と連絡先を交換していましたね、中出しの予約待ち、みたいな！」

なんとも奔放な学生生活だ。また当時から「見られる快感」も知っていた。

「中学のころはスカートをめくってパンツ見せながら田舎道を歩いたりしていて……振り返

るおじさんの反応がおもしろかったんです。家でも裸族で遊びに来た弟の友達の様子を楽しんでました」

リリ自身の驚異的な性欲の強さと貪欲な好奇心に、周囲の需要がマッチしていた。ちなみにこれは男性誌で「変わったエロ体験」として記事になりそうなものだが、彼女の女優イメージとは違うのでまだ公にはされていないものだ。

ちなみに彼女の初体験は小学校6年だという。

「これ、初体験に入るって最近初めて知ったんですけど……」

そう前置きして続ける。

「私、小学校6年のときにお父さんに寝ている間にチンチン入れられて中出しされているんですよ。でもそれってただのスキンシップだと思ってたんです、こないだまで、あはは！　セックスのうちに入らないと思ってた。最近、近親相姦のドラマものに出ることがあってそこで初めてそれが近親相姦って知ったんです。現場でもそのことを話したらみんなに驚かれました。お母さんにも気づいてすぐに話しました。『寝ていて気づいたらお父さんのチンチンが入っていて、中から白いの出るけどこれなにかな？』って。それでアソコを見せたんですよ。お母さんには『まだ生理、来てなくてよかったね』って言われましたね、特に私の前では慌てる感じもなかったかな」

母親はその精液の色を見て「出したばっかりだね」と言い、リリにそれが精子と呼ばれること、それは男性器から放出されることを手際よく説明した。性的嫌悪感は彼女の中に生まれなかったのか。

「嫌悪感はぜんっぜんなかったです！　お父さんって自分の子どものことが好きすぎたんだ、あれは究極の愛情表現だなって思ったんです。私も最近になるとお父さんの気持ちがわかります。『愛おしいマ○コはオレのものだ』『オレが初めてだ』という気持ちかな」

今でも彼女は実家に帰省すると父親と一緒に入浴することもある、とあっけらかんと教えてくれた。

リリは教師の父、看護師の母の元に生まれた。双子の姉と一つ下の弟がいる。

「私、双子なのにお姉ちゃんとは全然似てないんです。子どものころはずーっと男子と外で遊んでいて、小学校から10年間、クラシックバレエも習っていてとにかく体を動かすのが大好きな子だった。でもお姉ちゃんはおままごとや人形遊び、お絵描きとか家で遊ぶおとなしい子だったんですよね。『本当に双子なの?』ってよく言われていましたね」

活発なリリは車で10分ほどの距離の父方の祖父母の家にも頻繁に遊びに行っていた。

「おじいちゃん、おばあちゃんとはすっごい仲良し。私の性欲の強さって祖父母譲りだと思うんです」

そうリリは自らを分析する。

「おじいちゃんたち、つい最近までセックスしていたんですよ。おばあちゃんは『おじいちゃん、こないだはヒョウ柄のパンツ履いていてね～、もういやになっちゃう』とか私にノロケてくる。でもある日、ついにおじいちゃんが朝勃ちしなくなって、おばあちゃんの誘いを断ったら大喧嘩して、離婚するしないの話にまでなっていましたね、あはは。なんとか私が仲裁に入って仲直りしたけど！」

祖父母とは中学のころ、保健体育の授業をきっかけに性的な話をするようになったのだという。もっとも両親ともその手の話はオープンで

「私がお母さんに『こないだ、彼氏の精子が水っぽかったんだよね』って言うと、お母さんは『お父さんも最近、薄いのよ』って愚痴る……終始そんな感じです」

当然ながら、リリは両親や祖父母に対して隠しごとをしたこともない。そんな関係を「私、普通だと思っていたんですけど、最近、ヤバいなって思い始めました（笑）。東京でできた友達に話すととても驚かれるので『あ～うちの家族って変わってるんだ！』って」

AVで一番になりたい。ちっとも恥ずかしい仕事じゃない

今の仕事を始めてからもその家族関係は変わらず、秋田の実家では家族は皆、彼女の出演作に目を通している。

「おじいちゃんは『こういう場面では表情をもっとこうしたほうがいい』『あの作品の演技はダメだった』とか言ってくる。お母さんはDVDを毎回、買って家に置いているんです。デビュー作から変化していく私の姿を見てくれているって言ってました。成長の記録みたいな感じですよね、あはは。ツイッターも見ていて『あの写真に写りこんでいる風景で場所が特定されない？』『今日のメイクかわいいね！』って言ってくれたりします」

ちなみに「似ていない」という双子の姉はいまだ恋愛に対して奥手で処女だ。その相談にもリリはしばしば乗っている。ただ性に対して稀にみるオープンな環境だったとはいえ金銭の介在、つまり援助交際はリリにとっては「絶対に嫌なこと」で「それはしなかった」とはっきりした口調で語る。

「プライベートで自分の性欲を満たしたいからってお金にモノを言わせる感じがすごく嫌。だったらもっと魅力のある男性になればいいし、それで口説けばいいのに、援交する人って男らしくないって思っちゃう」

またAVの仕事に関しても金銭への執着は少ない。

「AVもお金のためにっていうことは全然ないです。好きなことを仕事にしていないと嫌になるから、長続きする仕事をしたいと思っていたから。AV女優さんに憧れて、私もセックスが好きだったからやってみよう、そして背中を押されたって感じかな」

ちなみに彼女のギャラは「たまに親が勝手に口座から引き落としてます」と笑いながら話す。姉や弟の学費にする、と事後報告されるのだ。

「親にはいろいろお世話になっているから、まあそれならいっか、って（笑）。私の中ではお金って持ちすぎると不幸にしかならないと思っているから。お金は極力持っていたくないって思っていて。何があったわけじゃないけど、おばあちゃん、ひいおばあちゃんが言っていたのを覚えていて私の中に染みついているのかな」

まだ20歳そこそことは思えないしっかりとした口調だった。

「一度だけ仲のいい女友達からこの仕事に対して反対されました。雑誌の表紙になったタイミングでバレたんです。彼女はAVに出るなんて『私はビッチです！』って世間に公表しているようなものだし、『人として恥ずかしくないの?』って言ってきた。でも私はそのときから『何かで一番になれたらいいじゃん』って思ってたし、『時間かかっても絶対にAVで一番になるから、全然この仕事のことは恥ずかしいと思わない』そう彼女には話しました。

もちろん今もそう思ってやっています。理想は上原亜衣さん。本の表紙に名前が書いてあるだけで『おっ！　買おう！』って実際にコンビニのレジに持っていく人を何度も見かけたし、そこまで私も行きたいです」

そう語るハツラツとした笑顔を見て、私は「そういえば上原亜衣は、永遠のロリ女優・つぼみに憧れていたな」とふと思った。女が女に憧れて、ＡＶ女優というバトンが受け継がれている。

「もちろんＡＶは仕事とはいえ、彼氏以外の人とエッチできるから最高の息抜きになっていますす。ただの美男美女じゃつまらないじゃないですか。私は単なるビッチじゃなくキレイで強いビッチになりたいです」

コラム　性の求道者たち

AVのセックスがしたかった

「経験人数たった1人なのに実はエッチ大好き！」

「かわいい顔して実はドスケベ」

「夫とはセックスレスで欲求不満の淫乱人妻」

　これらはAVのパッケージやエロ本にはお約束のように並んでいるキャッチコピーだ。普段は可憐で貞淑で、でも自分の前だけではとんでもなくエロい女の子、手練手管を披露してくれる痴女。当然ユーザーだって、そこに書いてあることすべてが必ずしも現実だとは思っていない。それらは往々にして「画面の中の彼女たちに、そうあってほしい」という男たちの願望や欲求に都合のよい女性像で、あくまでもファンタジー、つまり幻想である。

　しかし中には、普段の生活からAVを地で行くような強烈な性欲や性癖を持ち、エロへの探究心が人一倍旺盛な女性がAV業界にたどり着くというケースもある。さとう心愛（親公認AV女優7）や、成宮リリ（親公認AV女優8）のような自らの性欲を持て余し、好奇心も相まって業界にたどり着いたタイプだ。心愛は大人のおもちゃを集め、様々なパターンのオナニーを試して自らの性欲を解消した。リリは、手当たり次第に男性を調達し、自宅に連れ込み、挙句の果てにはセックス依存症と診断されてしまった、という仰天エピソードまでついてくる。

またいずれもギャラに関してはあまりこだわりがない。

「AVはお金のためじゃない」「AVをやりたい一心だったので、ギャラの話も一切、細かいことは気にしてなかった」と心愛は述べ、「AVもお金のためにっていうことは全然ないです。好きなことを仕事にしていないと嫌になるから、長続きする仕事をしたいと思っていたから」とリリは語る。

もちろん仕事なので頑張りに見合った金額は彼女たちも求めているだろうが、金銭面に関して非常におおらかな様子からは余裕が伝わってくる。仕事に対しての真剣さは感じるが、精神的、金銭的に追い詰められているような深刻さは見られない。

彼女たち以外でもそのような話を聞くことがある。以前、取材した澁谷果歩もその一人だ。

2014年11月に「超乳Jカップ 澁谷果歩パイパンデビュー」(アリスJAPAN)でデビューした彼女は、その爆乳とロリ系の愛くるしいルックス、そしてパイパン、また派手な潮吹きパフォーマンスでも人気の企画単体女優だ。彼女は親にAV出演がバレた際に「AVのセックスがしたかったから」と面と向かって言ったという。

幼稚園から私立の一貫校に通い、都内の一流大学を卒業した彼女は、卒業後に読売新聞でインターンシップを経験し、東京スポーツに入社。デビュー時には元東スポ記者という経歴が取り沙汰され、すぐさま彼女のAV出演は両親の知るところとなる。家族会議が開かれ、両親からAV出演の理由を聞かれた際のセリフが前述の「AVのセックスがしたかったから」というものだ。娘を心配した両親によって一度は精神科に連れて行かれたものの、すべてを話したあと、AV出演については怒られることはなくなったという。

ちなみに澁谷の初体験は20歳と比較的遅めだ。しかしその快感を覚えた彼女はすぐにセックスの虜になった。記者時代は某野球チームの2軍の担当記者となるが、激務に見舞われた彼女のストレス発散の場はセックスだったという。

「仕事のストレスを男性で発散してて。『自分が主役になりたい』みたいのがあって。セックスのときは、自分が主導権を握れるし、達成感があるんですよ。エッチのときって、なんか私がすべてを支配してるかのような。自分が輝ける場所がほしいっていうのがあって。そこがセックスだった」

ドキュメント作品「AV女優の裏側リポート　かたりたがーる　澁谷果歩」（ハマジム）ではこんな風に語っている。

東スポを退社後、バイト生活をしていた際に「オナニーグッズモニター」の求人を見たことがきっかけでAVデビューした。当時の彼女の経験人数は50人。「プライベートでのセックスが前向きに思えなくなった時期だったので51人目から男優さんにするのもいいかもな、と思った」と教えてくれた。ちなみに男優50人とセックスをするまではプライベートでのセックスを封印した、という真剣さである。

「（AVは）胸張ってやってるわけじゃなくて好きだからやってる。ただ楽しいからやってるんです、私は」

金のためでも、承認欲求でも、有名願望でもない。好きだからやっている。至極シンプルな回答だ。

常識を超えた価値観を内包するAV業界

性欲に忠実なエピソードはAV男優においては、しばし耳にする。多くの場合、汁男優と言われるエキストラからそのキャリアをスタートさせていくため、金銭目的で足を踏み入れる人はいない。確かに当然といえば当然ではあるが、単なる好奇心を飛び越えて経験とキャリアを積み、40代いや、50代になっても美少女から初老の女性にまで興奮できるその規格外の性欲の強さは常人離れしている。美醜や年齢ではなく、穴という穴に入れたい、という煮えたぎる性欲を抱えた性獣すらいる。人気男優の森林原人氏は自らの性欲に関して、著書

「セックス幸福論」（講談社文庫）で「世間体や社会常識じゃ、この欲望を抑えることはできません」と述べている。

通常の日常生活からはみ出してしまう、ともすると性犯罪者になってしまうかもしれないほどの煮えたぎる性欲をエネルギー変換している様子にはしばしば「すげえな！」と賞賛の声が上がり、英雄扱いされることすらある。

しかし一方でAV女優が「セックスしたかったから」と言うと、「人前でセックスしたいなんて本当かよ」「そんなわけないだろう」という疑いの声はもちろん「ビッチ」「ヤリマン」なんて罵声まで飛んでくる。同じ表現者なのになんて扱いが不平等なことだろう。

何が好きか、何をしたいのか、自分が何を求めているのか。

「セックスをしたい」と明言し、性に向き合う女優たちには迷いがない。価値観のブレなさ、人生の軸があるように感じる。リリのインタビューにおいて彼女が父親と性的交渉をしたというくだりはウェブ連載時にも、虐待ではないかという意見をいただいた。しかし当事者は決して不幸な出来事とは捉えていない。「嫌悪感はぜんっぜんなかったです！　お父さんって自分の子どものことが好きすぎたんだ、あれは究極の愛情表現だなって思ったんです」と語っている。ひょっとしたらあまりの強烈さに「虐待されてるのにそんなことはありえない」「嫌な記憶を抹消している」という意見もあろうが、それではそもそもこの「親公認」というエピソードすら本当かどうかあやしくなるので、ここは本人の意見をまず引き受けていきたい。彼女の言葉には「周囲から何を言われても自分は幸せだ」というとてつもない自己肯定感すらあった。それは彼女の両親、祖父母に関しても共通したものを感じた。

何を食べたいのか、何がほしいのか。

情報過多と言われるこのご時世、特に東京で暮らしているとあまりの選択肢の多さに圧倒され、ときに思考停止に陥ってしまうことがある。そんな中、堂々と「セックスがしたい！」という言葉の潔さといったら。「幸せ」というと大げさに聞こえてしまうけれど、その言葉は誰にも強要されていないし、何からも抑圧されていない。AV出演には様々なきっかけがあるとはいえ、自らの性欲、性癖に向き合い、純粋に性を楽しめる女性が増えれば出演をめぐってのトラブルも格段に減るのに、とも思う。当然、その環境整備は業界全体においても早急に取り組まねばならない課題だ。

人前でセックスをしたいなんて、人によっては、到底信じられない価値観かもしれない。けれどそういう人が確実に「いる」のだ。自分の価値観では到底想像もつかない性欲や性癖、エピソードを持った人間が実在する、それがこのAV業界のおもしろさだと思う。彼ら、彼女らのように強烈な性欲も性癖もないし、なかなか強い軸を持てない自分は「こんな人が世の中にいたんですよ」とせめても彼らが生きた証と裸の言葉を記そう、そう思うばかりである。

親公認AV女優9

今は稼いで、いつか「普通のお母さん」になりたい

桜井あゆ（さくらい あゆ）

25歳　宮崎県出身
父、母、9つ上の兄の4人家族
162センチ
スリーサイズ B82（B） W59 H81
2013年に企画単体でデビューし、2015年「million」の専属女優に
2016年3月に引退

毎月100万円を母に仕送りする業界屈指の実力派AV女優

「親公認AV女優」の取材を始めて改めて知ったことがある。「親に仕送りをしているAV女優が想像以上に多い」ということだ。経済的負担を軽くするため、せめてもの罪滅ぼしとして……その理由は様々なようだが、いい歳をして毎月カードの支払いでひいひい言っている自分がなんとも情けなくなってくる。またそのことを話すと男性陣からは「そんな話を聞くとヌケるものもヌケなくなるよ!」と非難めいた口調で応じられることも少なくない。「エッチが大好きでなにも考えてない女の子」なんて、現実にどれほどいるかわからない。そもそも存在するかすらわからない。しかし性的嗜好の対象としては、AV女優にはそうであってもらわないと困る、ということだろう。

今回取材した桜井あゆも毎月の仕送りを欠かさない。18歳のころから6年間、毎月80万円から100万円を現在58歳になる母親に送っている。

「お母さんは本当に尊敬している人です。ホトケかっていうくらい優しいし、肝が据わっていて。私の昔からの友達は『あんたのお母さんほどいい人はいないよ!』『お母さんにだけは親孝行しなよ』って言います。もちろん仕事のことは知っていますよ」

どこまでもハキハキとした迷いのない口調であゆは語る。狭いカラオケボックスで2人きり、しっかりとこちらを見つめる形のよい大きな瞳はメイクとつけまつげで彩られ、その目ヂカラに同性でもドギマギしてしまう。

あゆがAVに出るようになって3年が経つ。21歳のときに企画単体でデビューし、数多くの作品に出演してきた。女子高生、素人設定もの、レズ、痴女、多人数の共演ものなど多岐にわたり本人いわく「どんな小さな仕事でも断らずに」やってきた。現在、出演本数は700本以上。その甲斐あって昨年には大手単体メーカーの専属女優となった。企画単体から専属女優へ、AV女優としてのヒエラルキーを確実に上っていった業界屈指の実力派だ。

「AVのことは親も地元の友達もみんな知ってます。デビューのときから『あたし、AV女優になったんだ』って自分から言いました。同い歳の友達からしたら『俺の友達、AV女優なんだぜ！』って恰好の話のネタじゃないですか、あはは。デビュー作は口コミでも有名になっていって売り上げは良かったみたい」

AV出演することを自ら周囲に触れまわっていたとは。スタートからしてなんとも異色だ。

「みんなに見てもらいたかったというか、とりあえず出るからには名前を売らなきゃって必死になっていましたね。もともとの性格もあると思う。物心ついたときから目立ちたがり屋だったし。AVの直接のきっかけはスカウトだったけどとにかくメディアに出て有名になりたかったから」

父の厳しいしつけのなか、中2でキャバ嬢デビュー

親にも自分から打ち明けた。

「（AVに）出るだけじゃ親にはバレないけど、雑誌とかに出ちゃったら絶対にバレると思った。なのでデビューから1ヶ月くらいして週刊誌でのグラビアの仕事が入ったとき、撮影が終わったその日のうちにお母さんに電話で言いました。反応は『あ、そう』って（笑）。『あんたが死ぬこと以外、なにも驚かないよ、どうせ私たちが止めたところであんたはやるでしょ。だったらやればいい。ただ体には気をつけなさいね。やりたいところまでやってみなさい』ってLINEがきました。さすがにそれには驚いたけど私も『絶対に恥ずかしくないくらい有名になるから』って伝えましたね」

いくら「ホトケのよう」とはいえ、なぜ彼女の母親はそんなに物分かりがよいのだろう。

「私がこれまでにいろいろ『しでかして』きたからじゃないですかね、あはは」

紫煙をくゆらせ、あゆは笑いながら語る。

「『しでかす』ようになったのは中2くらいから。今だから言えるんですけど、あたし、実は中2のときからキャバ嬢をやってて……。そのときは年確（年齢確認）も保険証だけでよかったから、店には18歳って言って働いてました。さすがに同じ市内だと怖いから隣の市に

1時間くらいかけて電車で通っていましたね」

朝は両親が仕事に出かけたあとに自宅へ戻り、夕方に出勤した。もちろん学校に行くことはない。

「でもその店、他にも中学生がいて摘発されちゃって。オーナーが捕まって潰れちゃいました」

そのときにあゆは「少女A」として地元の新聞に載った。これが彼女の記念すべきメディアデビューである。

「警察署でお父さんがものすごく泣いていたってあとからお母さんに聞きました。お父さん、それまでものすごく厳しかったけど、そこから急に私に対する態度が変わったんです」

あゆは保険の代理店を営む父と販売員の母の間に生まれた。9つ上の兄がいる。生活は比較的裕福で金銭面で苦労することはなかったが、父親のしつけに関して彼女は「お父さんの厳しさって、今、考えたら虐待並み。手が出ることもあったし」とため息まじりに振り返る。

特に父親は食事のマナーにはうるさかった。小学校のころは毎週日曜のランチには高級レストランに連れて行かれ、テーブルマナーを教え込まれた。少しでも間違えると公共の場であっても大声で容赦なく叱られるというスパルタ式だった。

そんな父親は母親に対しても厳格で妥協はしなかった。日々の食事に関しても冷凍食品や出来合いの惣菜は無論、スーパーの刺身すら食卓に並べることは許されなかった。父親が自ら釣ってきた魚を母親がさばき、寿司も握る。それに対して母親は文句を一切言わず、きっちりとこなしていた。

「子どものころからそんなお母さんを見て、ただただすごいなって尊敬してました」と、あゆは微笑む。

「あたし、小学生のころからタレントになりたくて、劇団のオーディションを受けまくったんですよ。書類審査に受かって、いざ面接に進むという段階になると毎回、お父さんに断固として反対されました。『お前そんなんで食っていけると思ってるのか！』って」

彼女が中学に進学すると父の厳しさはますますエスカレートしていった。

「中2くらいのときに成績表を見せなかったんですね。それがお父さんにバレてすごい剣幕で怒られたんです。もちろん殴る蹴るもありましたよ。で、そこから一日のタイムスケジュールを細かく決められるようになって。学校から帰ってきたらすぐに勉強、夜9時から10時はお風呂とご飯。そのあと10時から朝4時まで勉強で、4時から6時までが睡眠。6時から学校に行く7時半まで勉強……そんな感じ」

部屋には監視カメラも付けられていたという徹底ぶりだ。

「夜中2時くらいには眠くなっちゃうけど叩き起こされて。机で寝ながら勉強をしてた。友達とも遊べないから窓から手紙を投げてやりとりしたり（笑）」

学校は行かず、働きづめ。いつも一番になりたかった

早すぎるキャバ嬢デビューを果たした彼女はやがて家を出て働くようになった。

「補導されてもやっぱり働きたいなって思うようになって。ホント、いろいろやりましたよ。16、17歳のときには3つ、4つバイトを掛け持ちしてたかな。昼12時〜夜8時までファミレスで、そのあと0時までおっパブ、0時から2時までスナック手伝って、2時から朝5時までバーに入って。で寝て……で、またファミレス行って、みたいな」

聞いているだけで息切れしそうなハードスケジュールである。両親はそんな彼女に対して家に戻るよう説得することもなかった。

「18歳のときはキャバをやりつつ、昼には化粧品の販売員を2年くらいやりました。キャバでも販売でも『ここで一番になりたい』という気持ちが強くて。競争心ハンパなくて。おかげで売れ行きは良かったです」

聞くとその競争心は幼いころからのものらしい。

「あたし、見た目が派手だから外見でいろいろ言われたりすることが多くて。『どうせチヤ

ホヤされて育ってきたんでしょ』とか。結果出せば誰にも何も言われないし、一番取って文句言わせないぞって気持ちだった。いろんなことしたのは好奇心旺盛といえば聞こえはいいですけど、まあ単に乗せられやすいんでしょうね、あはは。単純です」

当時を思い出して楽しそうにあゆは話し続ける。

「あ、19歳のとき、あたし、ママになったんです。市内に自分の店を出したんですよ。キャスト同士の問題もめんどくさいし、雇われているのも嫌だったから自分でやろうって。10人掛けのカウンターとボックス席が6つくらいあるゆっくり飲める小さいお店でした。でも店には毎日、着付けして出てました。19歳だからって年齢でバカにされないようにって。そのうち『若いママがいる』って口コミでお店も有名になったんですよ、ふふふ」

一体、何が彼女をそんなにもフル稼働させたのだろう。尋ねるとしばらく考えてあゆは答えた。

「あ〜〜ヒマが嫌だった。寂しがり屋なところもあったから常に人と一緒にいたいというのもあって。ファミレスなんて最低賃金くらいの時給だったし、めっちゃ稼いでたって感覚はなかったかな。仕事が終わって飲みに行くこともあったけど実家を出ていたから生活、全部自分でやっていたし、一応、高校にも籍は置いてあったのでその学費も自分で出してました」

彼女の働き者ぶりはAV女優になっても変わらなかった。

「キカタンのときはちょっとでも休みがあると『休みなんていらないから仕事ください！』って泣きながらマネージャーにLINEしてましたね〜」

飛田新地で風俗嬢に。経験人数は2万人超

高校を卒業した春、友人が親に買ってもらった車で遊びにでかける姿を見るとひそかに優越感を感じた。「親にも男にも頼ったことなかったなあ」と目を細めてあゆは語る。10代にして自立し、存分に稼ぐ力を持っていた。そんな彼女の口座はさらに預金額を増やしていく。

「飛田新地にスカウトされたんです。風俗に偏見はあったけど、まず大阪に遊びに行く感覚でってことで1週間、滞在したんですよ。実際に行ってみたら感動しました。『こんなかわいい子たちが風俗で働いているんだ！』って。宮崎じゃありえないことだったし、すごく言い方が悪いけど風俗ってもっとブサイクな子がするものだと思ってたから。稼ぐ額も桁が違う。1日20万円とかザラだし」

同じ「男性を相手にする商売」とはいえ、水商売と風俗、それも日本最後の遊郭となると話は別もののように思えるが、抵抗はなかったのか。

「（店に）座っていることがステータスに見えたんですよ。『飛田マジック』ですね。そこにいる子たち、みんなすごくカッコよくてキレイで……。それを見たら『私もここに座りたい』って思った。しかもお客さんはパネルじゃなくてリアルな姿を見て女の子を選ぶので、自分の見せ方を含めてすっごい勉強になりましたね。たとえ変なお客さんに当たったとしても飛田って15分ごとに替わるからその間に他の子に愚痴っていたので嫌になることがなかったです」

そうしてあゆは地元を離れ、大阪に拠点を移した。ママとして切り盛りしていた店は知り合いに譲った。

「正直、飛田に行って最初のころの記憶ってないんですよ。ただ座って、気づいたらめちゃくちゃお金もらって帰ってたってことくらい」

あゆはすぐにダントツの売れっ子となった。1日に20人から30人を相手にし、月収は400万～500万円ほどになった。客の勃ち方を見ただけで相手の感情や体調までもわかるようになったころ、経験人数は2万人を超えた。

「そのときから実家への仕送りは毎月100万円ずつしていました。中学のときから両親には心配をいっぱいかけたのでお金を稼いで、少しでも親孝行できたらなと思って。風俗で稼いだお金は親からすれば悲しいかもしれない、でもお金はお金だと思って。少しでも喜んでくれるんだったら渡そうって」

　大枚を稼いでいても常に宮崎の実家のことは気になっていた。21歳となったある日、あゆに突然、予期せぬ別れが訪れる。

「夜中、お母さんから電話がかかってきて父親が心筋梗塞で亡くなったと言われました。寝たまま亡くなっていたみたいで。私は何がなんだかわからなかったですけど、お母さんが終始すごく落ち着いていた姿をよく覚えています」

　厳しかった父親の早すぎる死。享年58だった。

「ずっとお父さんのことは嫌いだった。殺意なんて何百回も抱いたし、寝ている間に家を燃やしてやろうと思ったこともあったし。でも死んだって聞いたら、もう好きだったところしか思い出せなくなって。それまで数年間、まともにしゃべっていないことをめちゃくちゃ後悔しましたね。お酒も一緒に飲んだことないし。どんな親であっても自分の親なんだなって。AVデビューする前にお父さんは亡くなったけど、生きていたらお父さんには絶対にAVのことは言えてないと思うし、ここまで来れなかったと思います」

セックスは好きな人とするのが一番いい。いずれ普通に戻りたい

父親が急逝したのち、大阪でAVにスカウトされた。AV女優の仕事が増えるにつれ、あゆの活動拠点は次第に東京へ移っていった。

「AVをやるときには『これからどんなに有名になれるとしても元風俗嬢という肩書きはついて回る』って考えていた。もともと、隠しごとできない性格だから、『それならこの風俗をやっていた経験を活かして有名になれることないかな』って考えたんです。今の時代、AV女優でもテレビに出れるし、そこからなり上がればいいんだって。あくまでAVは『有名になる』という子どものころからの夢を叶える過程でした」

「有名になりたい」という言葉は説得力があるように見えて、そのためにどうするべきか、常に漠然としている。一見、明確にみえるゴールは往々にして結果を出すまでに息切れしてしまう。けれどデビューからこれまでずっとあゆは走り続けている。

「最初のころマネージャーに『売り上げには波がある』って言われたんです。AVは人気商売だから。でも私は絶対に波を作らない。絶対に常に一番でいるって言い張っていました。事務所には200人くらい女の子がいるので、まずはマネージャーに顔を覚えてもらわないといけない。現場が終わったらいろんなマネージャーを誘ってゴハンに連れて行ってもらっ

たり、休みの日には『仕事ください』って自分からメールして印象づけることから始めました。営業のときに真っ先に私の名前がマネージャーから出てくるようにって。自分で言うのもなんですけど仕事で波を作ったことないですよ」

その口調はどこまでも自信に溢れたものだった。過労で倒れたこともあるし、血尿が出て入院したこともある。しかしそこでは終わらないあゆの強い意志を目の前にすると思わずひれ伏したくなる。そんな鋼のような精神を持つあゆだが母からのＬＩＮＥには思わず泣いたことがある、と語った。

「お母さんは贅沢しない人なので私が仕送りしたお金はほとんど使っていないと思います。ジムに毎週行くとか、最近は排水管が壊れた、とか使ったときには教えてくれるんですけど、それもほんの少しの額で。ある日、お母さんが『今から寝るよ。こういう普通の生活があんたのおかげでできているのは幸せだと思う。ジムにも毎週行けてお母さん幸せだよ、ありがとう』ってＬＩＮＥをくれて。そのとき現場だったんですけど、泣きましたね」

14歳でキャバクラに勤め、風俗、21歳でのＡＶデビュー。性風俗業界を渡り歩き、いずれも売れっ子となったあゆの口からこんな言葉が放たれた。

「エッチはあまり好きじゃない。もちろん女優さんの中にはセックスが好きで心の底から男優さんとのエッチが気持ちイイという子もいるみたいだけど、女性なら誰しも好きな人とのエッチが一番いいに決まってるじゃないですか。AVのエッチは完全に仕事。でも風俗と比べて1日2〜3本で済むってラクですよね、あはは」

またデビュー時には「AVは有名になるため」と言っていた考えは徐々に変化していったとも彼女は語る。

「ときたま『私って、タレント性ってないのかな』って客観的になってきました。アドリブも利かないし、メディア慣れしてない。もちろん全部さらけ出した状態で自分の魅力を伝えられるAVってすごいと思うし、自分のやってきた仕事はすべて誇りに思っていますよ」

最後に私は恒例の質問を投げてみた。

——もし将来、自分に娘ができたら。その子がAVに出たいって言ったらどうする？

「私は止める権利がないけど『辛いことはいっぱいあるよ』とは伝えるかな。自分以外の人が悲しむのも知っていてねってことは言いたい」

あゆの今の目標はマイホームを建てること。ゆくゆくは母親を東京に呼んで一緒に暮らしたいと、取材前に見に行ってきたというモデルハウスのチラシをバッグから取り出して見せてくれた。

「いずれ普通に戻りたいと思ってます。将来は『普通のお母さん』になりたいな」

引退、親公認AV女優、桜井あゆのその後

引退した次の日にはエステの面接へ

前回のインタビューから約半年後、私は桜井あゆと再会した。いや、正確にいうと「元・桜井あゆ」だ。2013年3月のデビュー当初から「AV女優としての活動期間は3年間」と公言していた彼女は2016年3月にAV業界を引退した。現在はヘアメイク、そしてエステティシャンとして都内で働いている。

「も〜、今まで以上に忙しくて、家のことが全然できないですよ〜！」

サバサバとした口調で近況報告が始まった。引退時に肩まであった髪はショートカットになっている。AV女優時代に取材したときよりもメイクは心なしかナチュラルになっているが、大きな瞳から放たれる目ヂカラは以前同様、強く、華やかだ。

「3月4日のニコ生が最後の仕事で、次の日にはエステの面接に行ってましたね。面接で即

採用になって働き始めて、メイクの仕事もすぐに始めました。3月の半ばにはヘアメイクとして現場に行っていました」

3年間、人気AV女優として走り続けた彼女は引退後もすぐに走り出した。

「引退作を撮ったのは1月でしょ、引退月までの2ヶ月間くらいはギャラが発生してなかったから、ゆっくりするとか一切考えてなかったです。毎月の収入がないと不安だったし、近所のコンビニでバイトしようかなって思っていたくらい！」

地元・宮崎で化粧品の販売をしていた経験もあるあゆは、現役時代からメイクやファッションへのこだわりも強く、ファンの間では「オシャレ番長」とも呼ばれていた。

「昔から女の子をキレイにしてあげたいって思っていました。飛田時代から他の女の子に化粧をしたり、教えたりするのが好きだったんですよ〜！　メイクしながら悩みを聞いてあげたり。女の子って誰しも自分ではわからない似合うメイクってあるでしょ。それでもっとかわいくなることも教えてあげたいなって思っていて。しかも自分がメイクした子が喜んでくれるって嬉しいんですよね。エステに関しては私自身がいろんな美容法を試すのが好きなので、サロンで働けば自分でも最新の機械を試せるし、勉強もできるなって思っていて。そもそも今、働いているところも自分が施術を受けたいなって思って知ったんですよね〜」

仕事を選んだ動機がテキパキと語られていく。あゆが持ってきてくれた焼き菓子を頬張りながら、私は話を聞いていた。

「エステの面接のときにはAV女優だったことも言いましたよ。私、性格的に隠しごとできないんですよ～！　隠していても絶対にいつかバレるから、だったら最初から自分で言っちゃおうと思った。店長もすごくいい人で『そんなこと気にしないよ。やる気があればうちで働いて！』って言ってくれました」

即採用となったエステサロンでは、暇さえあればノートを取り勉強にいそしんだ。また連日、親しい女優仲間をサロンに呼んで、施術の練習も積極的に行った。その結果、本来ならば3ヶ月かかる新人研修は3週間で終了し、今では支店を一人で任されている。驚くべき集中力の高さとやる気、そしてスピード感だ。AVの現場メイクの仕事はかつて所属していた事務所のマネージャーや仲の良い女優から口コミで広がっていった。現在はエステサロンに週4回、ヘアメイクとしては週3回といった具合で休みなく働いている。

「あ、あと最近はスタイリストとしても仕事を任されているのでAVの現場の衣装を買いに行くこともしています！」

この日も取材後、近くにあるAVメーカーに衣装を納品しに行く予定だという。

「メイクの仕事ってカメラが回っている間は控え室でぼーっとしているから正直、女優のころに比べたらラクです。朝は女優さんと同じ時間に現場入りするし、拘束時間は長いけど、仕事量はそんなに多くないんじゃないかなって感じる。だからギャラは業界最安値にしています。それでも高く感じちゃうくらい、アハハ！」

ちなみにAV引退後、現場付きのヘアメイクになる例は昔から比較的多い。最近ではギャル女優として活躍した泉麻那、水嶋あいなどがよく知られている。

休みなしのスケジュールだが、現状を話すあゆの表情はどこまでも晴れやかで、疲労の色は見受けられない。

「求められたいという思いが強いんですよね。自分の得意なジャンルで求められたら最高かなって思います」

仕事もプライベートも幸せ、だから隠さない

また彼女が引退後開設したツイッターのアカウントを見ると、そのアイコンは娘とのツーショット写真、仕事以外のプライベートな話題も頻繁に記されている。

「娘は今、6歳。ミリオンガールズZ（あゆが所属していたAV女優によるアイドルユニット）の卒業ライブを見て、テレビの前で踊っていますよ」

19歳のときに地元・宮崎で知り合った男性と結婚、出産した。昼はレストラン、夜はキャ

バクラやカフェバーなどを掛け持ちしていたころだ。臨月ギリギリまで店には顔を出し、3週間ほどの産休後、すぐに復帰した。娘の父親とは20歳のころに離婚し、ほぼ同時期に彼女は飛田新地で働くようになった。娘は主にあゆの母親が面倒を見ているという。

「毎月1週間は地元に帰って娘と過ごすようにしています。マイルも相当貯まったんじゃないかな～！」

現役時代からファンの間では娘がいることはよく知られており、イベントの際にはおもちゃの差し入れも多くあったという。

また数ヶ月前には入籍をした。2度目の結婚は、離れて暮らす娘のことを考えてくれる相手を選んだという。

「引退して他の仕事も落ち着いたときに相手のご両親に挨拶に行って籍を入れました。主人の親御さんも私がもともとAVをやってたことを知っています。付き合っているときに彼がご両親に私の話を熱心にしてくれていたみたい。実際にお会いしたときには詮索されたり、反対されることもなかったですね。主人のお母さんと私の母親の出身が近いみたいで地元の話で盛り上がりました」

引退した女優の消息をここまで聞けることは珍しい。AV女優をしていた過去を封印し、まるでなかったかのように生活を続ける人が多い。

「確かに私みたいにAV辞めてからいろいろ素性を明かす人っていないですよね、アハハ」

朗らかに笑いながらあゆは語る。

「私、すごい幸せなんですよ。現役時代には『AV女優は結婚なんてできない』とか『AV女優は幸せになれない』とか言ってくるアンチが多かった。でもAVを引退して、今は新しい仕事をして、子どもも旦那さんもいて……すごく幸せに生きている。それをアンチに見せつけてやってるんですよ、アハハ！」

少し試すような笑顔でその心持ちを教えてくれた。

「仕事もプライベートも全部、自分が好きなことをしているので隠す必要がない。隠したいっていうのは後ろめたいところがあるからですよね。私は誇りを持ってやっていたから、ここまでいろいろ今も言えるのかも。そもそもビクビクして生きているほうが辛いですよね？」

そんな彼女は現役時代には女優友達にバレについての相談を度々受けていた。

「ほぼ同じ時期にAVを始めた子が『彼氏にAVの仕事がバレたから辞めようと思う』って言ってきたことがあって。その子には『バレたからやめるの？』『それって自分の人生の超無駄じゃない？　彼氏のために自分の仕事を変えるってどうなの？』って言いました。『もっと自信を持って、もっと誇りを持ってこの仕事をやっていれば、あんたのこと本当に好きならわかってくれるはず。それで離れるんだったらそれまでの男でしょ。自分が生きたいように生きないと損するよ！　今まで作り上げてきたものがなくなっちゃうよ』って話をしたのを覚えています」

そう話す彼女の夫は、ＡＶの仕事に対して深い理解を示している。

「もともと夫は私が女優やってるのを知った上で付き合いはじめたし。私も一度だけ『私の作品がこんなに残っているって嫌じゃない？』って聞いたことがあります。そしたら彼は『そりゃ嬉しいとは思わないけど、仕事でやってきたんだから。別に趣味でやっているわけじゃないでしょ。あゆの性格も知っているからどうこう言うつもりはないよ』って言ってました。夫は私が実家に帰るときも一緒についてきてくれます。娘ともよく遊んでくれますよ～」

娘の話題になると途端に頰がゆるんでいく。

「いつだっけな……娘が昔、『見て～ママのマネ～！』って真っ裸でポーズを取ってるんです（苦笑）。たぶん雑誌の表紙を見たんでしょうね～。うちの子、コンビニが好きなんです。『ママがいるから』『コンビニに行ったらママに会える』って……アハハ。また別のときには『ママみたいにテレビに出たい』って言われました」

無邪気な会話が目に浮かんでくる。

「いずれ私も必要があれば話すと思います。地元の人たちも知っていますしね。この先、娘が小学校や中学校に行くと周りの友達からなにか言われることがあるかもしれない。でもそんなときは『弱気にならず、反撃しろ』って教えようと思う。なにか言われたら逃げるなって伝えたいですね。私が自分からすぐに話すことじゃないかもしれないけど、娘が聞いてきたらキチンと話したい。私に対しても『ママって昔、AV女優だったのかな。これって聞いてもいいのかな』って娘が少しでも思ったらすぐに聞けるような、なんでも話せる親子関係を作りたいですね」

子育てについては次のように話してくれた。

「早く独立して、自宅サロンを作りたいと思ってる。それなら娘が小学校に上がって、早く帰ってきても仕事ができるし！」

また私は、前回、取材の最後にあゆがモデルハウスのチラシを見せてくれたことも思い出した。その件について聞いてみるとこんな答えが返ってきた。

「お母さんと一緒に住みたいという夢は変わらないですよ！　今、物件をいろいろ見ているけど都内って土地がないんですね～、びっくり！　ひとまず探しているのは賃貸の一軒家。そこで自宅サロンを開いて、その間、親に仕送りをして、なおかつ自分でも貯金できるくらいの収入を得ていたい。まずは独立して、サロンを開いて、4年くらいの間にお母さんとも一緒に住める家を買うのが目標です！」

明確かつ具体的な目標設定だ。その迷いのなさは男前だと思った。

また引退した際に母親からは温かい労いの言葉があったことも教えてくれた。

「『ミリオンガールズZの卒業ライブ映像を見たときになにがびっくりしたかって、あんたが泣いていること。よかったね。すごい心配していたけど、あなた自身が楽しんでいるし、そんなあなたを見て楽しんでくれている人がこんなにいるんだね』って言ってくれて。『これからは一般の仕事に就いて大変だろうけどお金の心配はしなくていいからね』とも言ってました。現役のときは『あんたの仕事がどんなものかと思ってネットでAVってもんを調べてみたんだよ。もうお母さんダメ、吐き気しそう！』って笑って言われたこともあったけど（苦笑）。お母さんも私がどんなことをしているのかは知っていて、当然心配もしてくれていたと思う。まあ昔から本当にいろいろあったので……」

引退、新しい仕事、入籍。1年足らずの間にあゆの人生はものすごいスピードで進んでいる。

「まだまだこれからもいろいろあります！」

少し前に舞台を見に行った際に脚本家と知り合い、舞台に出ないかと誘われた。そう遠くない将来には本名で舞台にも挑戦するという。また最近では過去のライブ映像を見るたびに「人前で歌いたい」と改めて強く思うようになっているとも明かしてくれた。子どものころから抱いていた、人前に出ることに対する夢は変わっていない。

「あ、そのうち結婚式やパーティーもしたいなあって考えていて。お父さん、生きているときに品川プリンスが好きで上京するときは必ず泊まっていたから、私も式は品プリで挙げたいな」

親公認AV女優10

「何かを残したい」。48歳独身でAV女優デビュー

一条綺美香（いちじょう きみか）

52歳　千葉県出身

父、母の3人家族

160センチ

スリーサイズ B90（F） W60 H82

2012年、SODクリエイトからAVデビューした人気熟女女優

52歳の人気AV女優が父親に打ち明けた理由

現在発売されているアダルトコンテンツでもっとも人気があるジャンルの一つに「熟女もの」がある。「熟女」といってもその幅は広く、主に30代以上の女性を指すことが多い。ときには25歳以上の「アラサー女子」も熟女として扱われる。

AVメディア研究家の安田理央氏は、著書「痴女の誕生」（太田出版）で「大手通販サイトDMM.R18で2015年3月中に発売されたAVは20087タイトル」、その中で『『熟女』もしくは『人妻』のタグがつけられた作品は653タイトル。つまり全体の30％以上が熟女・人妻をテーマにした作品ということになる」とその人気の高さを述べている。

これまでの登場人物は20代の女優であったが、アダルトメディアを全体から眺めると「熟女もの」のカテゴリーは避けて通れない。確かに30歳近くになるとどんな仕事であれ、親の承諾などは必要ないし、たとえ親に反対されたからといって辞める必要もない。特に性風俗に関する仕事についてはあえて親と話す必要性も低いだろう。筆者の同業者の中にも「きっとAV業界なんて田舎の両親には想像がつかない世界。下手に心配されても困るので最初から仕事に関してはあまり話をしない」という向きも少なくない。一方で血のつながった肉親に自らの仕事をどんな風に説明するのか、どんな対話を重ねていくのか、という点に関しては年齢の上下は関係ないようにも思える。

「この仕事をしていることを親に打ち明けたのは2本目の撮影が終わったころですね。いろいろタイミングを見計らっていたんですけど、父親がほろ酔いで、応援している野球チームが勝って機嫌がいいときに面と向かって切り出しました」

そう語るのは人気熟女女優の一条綺美香だ。現在52歳の彼女は2012年に大手メーカーSODクリエイトから「48歳 AV DEBUT」でデビューした。ハリのある肌とハツラツとした笑顔、中年太りとは無縁の引き締まったボディは30代前半と言われても納得してしまう若々しさだ。彼女が陽気な笑い声を上げるたび、艶やかな黒髪が肩の上で揺れ、タイトスカートから覗く美脚は同性の目にも眩しく映る。きっと彼女のような50代を世間一般では「美魔女」というのだろう。とはいえその姿には若作り感やイタさはない。よく笑い、よく話す彼女は年下の私から見てもかわいらしい印象を受けてしまう。

「撮影の日って朝は早いし、帰りは深夜になるしどうしても家を空けることが多くなるじゃないですか。毎回毎回、女友達と旅行に行ってくる、っていうのも限界があるので親にはっきり言いましたね」

綺美香は独身、現在は70代の父母と3人で暮らしている。

「周りの友人は結婚したり、子どもを育てたり、会社を作ったりといろいろやっているし、そういうのを見ていると私もいい歳になったし、なにか残したくて。そんなときにふと、女性ならではの職業をしてみたい、そんな風に思ったんです。最初は水商売も考えたけど、それって形に残るものでもないし、そもそも私、お酒を飲めないし。そこで浮かんだのがAV女優だったんです。この話、デビュー作のインタビューでも言ってるんですけど、親にもまったく同じことを話しましたね」

娘の告白に父親の動きは一瞬、止まった。

「なにより誤解してほしくないのは決してメーカーや事務所も変なところじゃない。私が大人の判断でやっているから信用してね、ということも言いました。未成年じゃないけれどそこはきちんと知っておいてほしかったから」

それを聞いた父親は綺美香にこう告げた。

「いい大人だから自分の責任が持てる範囲で任せる」

しかし同時に条件を課せられた。

「体に傷をつけないこと、家で泣き言を言わないこと、イヤだと思ったら辞めること、この3つが条件でした。どんな仕事でもお金をもらうって多少の辛いことはつきものだけど、なにせAVは特殊な世界。『生活のためでもないし、親に頼まれてやるものでもないから、お前が耐えられないと思ったら、そこまでしてやるな。我慢してウツになったりすることがないように、その線引きは自分でしっかりしろ』そう言われましたね」

父親は終始冷静な様子だった。

「賛成はもちろんしない、けれどこの歳になって首根っこ摑んで辞めろと言ったところで私は辞めないわけだし。ただメンタルの心配はされましたね。芸能界って人を蹴落として自分が上がっていく、というイメージがあるじゃないですか。私は別に過去に女優やタレントを目指したりしていたわけじゃないし野心があるタイプじゃないから（笑）。そしてこの仕事に関しては後ろ指さす人もいるだろうから、それに耐えられなくなったら辞めろとも言われました」

ずっと真面目に生きてきた。20代のころはAVなんて考えられなかった

綺美香は会社員の父親と専業主婦の母親の間に一人っ子として生まれた。金銭的にも何不自由なく育ったが、彼女が小学校5年のとき、母親が脳腫瘍で倒れた。すぐに救急車で運ばれ、九死に一生を得たものの後遺症は残った。

「後遺症も半身麻痺というほどのものじゃないけど、体の力がうまく入らなかったり、バラ

ンスが取れなかったり……家のことはそれまで通りにできなくなりました」

このころから綺美香も積極的に家事に参加した。

「もとからお料理に興味あったし、頻繁にお手伝いをしていたのであくまでその延長って感じです。学生のころは祖母や叔母も来てくれたのでそこまで大変じゃないですよ！」

健気な様子で綺美香は語る。中高は私立の一貫校に通い、卒業後は短大に進学した。

「ほんと～に普通の子だったんです。周りは女の子ばっかりだったし真面目ちゃんでした！生徒会の役員をしたり、皆勤賞を狙っていましたね。母が大変な時期というのもあって反抗期がなかったのかも。親にウソをついたことなんてなかったなあ～。親は歴代の彼氏をほぼ全員、知っているし、なんなら処女喪失した日もその日のうちにバレましたし、うふふ」

綺美香の初体験は17歳、相手は当時付き合っていた1つ上の彼氏。ラブホテルに行き、なに食わぬ顔で自宅に帰ってきた綺美香を待ち受けていたのは母の尋問だった。

「私の様子がおかしかったから気づいたんでしょうね。あまりに痛くてガニ股になっていたし、あはは。しかもこの日、母はなにを勘違いしたのか、そこでお赤飯を炊きだしたの！当然、父親にもバレますよね……まったく初潮じゃないのに……ねぇ！」

綺美香が短大時代には、世は空前のバブル景気を迎えていた。普段の授業は真面目に出席していた彼女もときにボディコンをまとい、ディスコに通った。

「家ではそんな格好にはなれないから、友達の家で着替えてから遊びに行ってました。母は厳しかったですね、そのころの門限は夜10時でしたし、少しでも遅れると締め出される。『コンサートでアンコールを見ていて時間が過ぎた』とかいくら説明してもそんなの一切お構いなし。……でもねえ、親がそんなこと言っても誰もが門限を破るときがくるんですよね〜。私も初めて門限を破ったとき……それは彼とのお泊まりだったなぁ〜、うふふ」

当時を思い出し、楽しそうな表情で綺美香は語る。

「今の子ってケータイがあるからいいですよねぇ〜。LINEで『今日は泊まりいってくる』なんてちょっと言えば済むでしょ、羨ましいなあ〜。昔なんて彼氏と電話するのも『8時半に電話するから出てね！』って言ってるのにイエデンにお母さんが出ちゃったりして！長電話になるとあからさまに後ろで咳払いされたりしたもんねぇ〜！」

陽気なおしゃべりは続いていく。

「そもそも私、20代のころ、AVなんて考えられなかったなぁ。そのころはAVってすっごく陰の仕事っていうイメージもあったし、『AVに出る』という以前に働くってことを考えたことがなかった。結婚願望が強かったし、若いお母さんに憧れていましたね。手縫いのスモックを子どもに着せて、手作りのおやつを食べさせる……みたいな。私自身一人っ子というのもあって子どもは2、3人ほしいな〜なんて思っていたし。でも『最低、2〜3年でも社会経験をしないとダメだ』『社会人として企業に勤めてお金を稼ぐ経験をしろ』というのが我が家の考えで。特に父は『これからの時代は女性も社会進出していくからキャリアになる仕事に就いたほうがいい』と厳しく言っていましたね。父自身、箱入り娘の母親をもらったから私には違う風になってもらいたかったのかもしれない。そういう私自身は就職といってもあくまで腰掛けで、すぐに結婚する気満々だったんですけど（笑）」

結婚話は破談。10年間、家事とボランティアの毎日

綺美香は正社員としてデパートに就職した。数年後に転職し、受付嬢として勤務、着実に社会経験を積んでいった。そしてやがて彼女が夢に描いていた結婚が現実味を帯びてくる。27歳のときだった。

「相手は15歳年上の人でした。その人は一人っ子でしかも地方の地主！ ひろ〜い土地と母屋があって、同居がマスト。私が『嫁に行く』って感じだったんです」

しかし結婚話はあえなく破談となった。

「マリッジブルーになっちゃって。その彼、相当押しが強くて、気づいたらいつの間にか結婚話が勝手に進んでいった感じで。しかもこの時期にちょうどうちの母が倒れたんです。あ

ちらのご両親も気遣って『お母さんが大変だったらうちに越してください』とも言ってくれたけど、そんなに簡単にいかないわけですよ！　お金とかそういう問題じゃなくて！」

一息ついて綺美香はゆっくりとこう述べた。

「たとえ母のことがなくてもその彼とは別れていたと思う。そのときの自分の気持ちがまだ結婚に向いてなかったと思うし、親のことは単なるきっかけ。遅かれ早かれマリッジブルーにはなっていただろうし。親のせいには絶対にしたくないんです」

その後、勤めていた会社を辞めた綺美香は家の近くの老人ホームでボランティアを始めた。家事に関しては、ここ10年ほどは炊事、洗濯などほぼすべてを受け持っている。

「休みないですよ～！」

そう語る彼女に一日のタイムスケジュールを聞いた。

「朝6時半に起床してお洗濯して、朝ごはん作って父を仕事に送り出します。その後、母親を病院に連れて行ったり、家事をしたり。大きな病院って待ち時間も長いから半日がかり。私がボランティアに行くのはお昼過ぎから19時くらいまで。そのあとは帰ってお夕飯の支度をして、夜はアイロンがけしたり、自分の作業をしたり……。なので5時間以上寝られる日はないんです。撮影の前の日は次の日のご飯を作り置きするので徹夜です。だから私、どこでも寝られるの～、あはは！」

多忙な生活に弱音を吐いたこともある。

「私、不器用なのでイッパイイッパイになることもあります。昔『ボランティアもやめて家のことだけをちゃんとやりたいーっ！』って父に愚痴ったんです。そしたら止められました。父は『大変かもしれないけど外に出たほうがいい』って。最近ニュースでも聞くじゃないですか、介護ウツになったり、それで親を殺しちゃうとか。一生懸命な人ほどそうなるし、家の外に逃げ道を作っておいたほうがいいって。父もワックスがけやサッシや水回りの掃除をしてくれますし、最近、サラダくらいは作れるようになったかな〜！　いかんせん母が他人様を入れるのを嫌がるから仕方ないですよね」

思わず私が「実は苦労しているんですね」と言うと、

「お金の苦労はしていないけど私生活はそこそこ……苦労してますよ！」

おどけたように綺美香が返した。

「でも今の私の生活ペースだと男の人、いらなくないですか？」

綺美香は語る。

「孫を見せてあげられなかったのは両親に対して申し訳ないな〜って思いますね。いっときは卵子を凍結保存しようかなとも考えたこともあるなぁ〜ふふふ」

20代のころに抱いていた結婚願望は今は影を潜めている。

「もちろん『誰かいい人がいればな～』とは多少は思っていますよ。確実に女性としての価値は年々、目減りしていくのはわかっている。でもだからといってそこで焦って婚活パーティーに行く、とかは嫌なんですよ。だからそこで私も何かを残したかったんですよね。そういう意味で一番嬉しかったのは写真集を出してもらったときだな。家族の間でAV撮影の話はご法度ですけど、これは堂々と言えるし、両親も喜んでくれました。AVに出るのって普通は逆だって言われますよね、なるべく形は残したくないって。もちろんお金目的で始めたら、残したくないと思うのだろうけど。そもそも40過ぎてからなにか新しい仕事をやるってあまりないことだろうし、事務所にも親にもなにかと心配されるけど、とりあえず今のところ……残せていますね」

軽やかに綺美香は話し続ける。

「そうそう、ここ数年、毎年父の日には人間ドックをプレゼントしているんです。会社で受けるものだけじゃ検査項目、少ないでしょ？　最初は嫌がっていたけど一度やって結果が良好だと喜んで行ってるんです。やっぱり元気でいてくれないと私が困っちゃう！　両方、私一人で看るとか、無理だからぁ～！　あはは」

おわりに

「タイタニック、観ました？」

スーツ姿の男に声をかけられた。

場所はJR代々木駅のホーム。当時18歳だった私は四ツ谷にあった大学キャンパスから渋谷へと向かうため総武線を降り、向かいの線路に来る山手線を待っていたところだった。

「タイタニック」とはご存知、レオナルド・ディカプリオ主演のハリウッド映画だ。当時、大学生だった私は女友達と映画館に足を運び、上演後には「いつか恋愛できるかなぁ」なんてドラマチックな恋に無邪気な憧れを馳せていた。

山手線のホームで不意に出会った「タイタニック」の一言に思わず立ち止まってしまった。

最初、その男はディカプリオの美男子ぶりを絶賛していたのだが、話は次第に「でも愛って信じます？」「死んでも残るのってなんだろう？」と問いかけてきた。そして「やっぱり世の中、お金じゃないですか？」「恋人は死んでもお金は残りますよ」とやや強引な持論を展開し、やがて「いかにしてラクに大金を稼ぐか」という話になっていった。

私は一方的にまくしたてられるその男の話を遮ることも、その場を立ち去ることもできず、ただぼんやりと曖昧にうなずきながら話を聞いていた。目の前を何本も山手線が通過していく。まあいいや、どうせ暇だし。そうしているうちにその男は「タイタニックの主演は大変だけど、せめてエキストラなんて、やってみたくない？」と言い出した。どれだけ突拍子のない話だろうと呆れつつも、一方でミーハーな私の頭には「ひょっとしたらスクリーンの向こうの世界を見られるのかも？」そんな思いが頭をよぎった。世間知らずな好奇心が警戒心に勝ったのだ。

そして連れて行かれたのは、原宿の竹下通りから一本奥まったところにあるマンションビルの一室。業界大手として有名な老舗プロダクションだ。決しておしゃれとは言えないが、整理整頓はされているオフィスに通されると、体格のいい背広姿の男が現れて、名刺を手渡された。すでにその時点では、ここに連れてきてくれた男の姿は見えなくなっていた。第2のスーツ姿の男の話では、この事務所はドラマや映画に出られる女性を常時、募っているらしい。レッスン料も登録料もいらない。所属は無料でできる。今日、この場で登録できないなら今週中にパスポートか免許証を持ってくるように。そんな話をされた。少し藻がこびりついた水槽に金魚が数匹、ゆらゆらと泳いでいたのをよく覚えている。

その日は30分ほど世間話をしてその場をあとにした。なんだか一気に違う世界を見た気がした。でもあれはなんだったんだろう。数時間後、両親の待つ家に帰った私は、買ってもらったばかりのWindows98を立ち上げた。ダイヤルアップでインターネットにつなぎ、もらった名刺に書いてあるURLを一文字一文字、打ち込んだ。

そして現れた事務所のホームページ。画像が多いのでモニターに表示されるまで時間がかかる。やきもきしながらも私の目には原色のビキニをまとった女の子の姿が飛び込んできた。彼女たちは私と同じくらい、いや、それよりも少しばかり年上かもしれない。皆、若々しいけれどどこか大人びた表情をしている。そのころの私が好きだった「Zipper」や「装苑」に出てくるモデルともまた違う。なんとなく皆、ヤンキーっぽいし、モードではない。その前髪の垂れ具合、そろそろ時代遅れじゃない？ 私はスパイラルパーマをいじり、心の中でツッコミながらモニターを眺めていた。でもきっと男ウケいいんだろうな。大人っぽい雰囲気だな。そう思いながらどこか「見てはいけないもの」を見ている気持ちになっていった。そしてさらに見ていくうちにようやく気づいた。「そうか、彼女たちはアダルトビデオに出ている人なんだ！」

私には絶対にできない。こんな子たちと同じところで働くってコワそうだし。同じくらいの歳なのに彼女たちは私よりいろんなことを知っているはずだ。自分にはそんなところ無理。自分よりも格段に大人びた彼女たちは別世界の人だと思った。そのサイトを見ているだけで、とても背伸びをしているような感覚を覚えた。そもそも今、こんなサイトを見ているってリビングにいる親にバレたら怒られる。履歴を消さないと。一抹の後ろめたさも感じていた。

数日後、事務所で名刺を渡された男からPHSに着信があった。「パスポート、いつ持ってくる?」そんな風に促されたと思う。そもそも年上の男性と電話で話すのなんて初めてに近いことだったし、居心地が悪かった。「すみません、ちょっと難しそうで」お茶を濁しながら私は電話を切った。「わかりました」ぶっきらぼうに男は告げ、すぐに電話は切られた。なんだか悪いことをしたみたいだったけれど内心ホッとした。電話は親に聞かれなかっただろうか。周りを見渡してみた。その後、男から電話がかかってくることもなく、私は「タイタニック」の現場に行くことはなかった。これがアダルトビデオの世界とのファーストコンタクトだった。

90年代の終わり、都内で暮らす多くの18、19歳の女の子がそうであるように、私もしばしばスカウトマンに声をかけられることがあった。「東京都迷惑防止条例改正条項」が施行されるよりだいぶ前になる。彼らは「芸能人になりませんか?」と話しかけてくる場合もあれば、「お小遣いほしくない?」とダイレクトに言うこともある。私も私で、やめておけばいいのについ足を止めてしまう。「かわいいから声かけたんですよ」そんなお世辞もイヤな気はしない。ひょっとしたら誰も知らない私の才能を彼らは見つけてくれたのかもしれない。私も新しい世界に足を踏み入れるのかもしれない。そんな自意識過剰ともいえる思いがいつも胸に去来した。けれど、その次の段階に物事が進むことはなかった。ただ名刺を受け取って、世間話をし、薄ぼんやりと曖昧な返事で逃げていく。それが18歳の私だった。

その後はAVとはほぼ無縁の生活を送っていた。再びその距離が近くなっていったのは24歳のとき。代官山にあるバーで「マジックミラー号」で有名なパンチ監督とひょんなことから知り合いになり、勧められるがまま作品を借りた。

おそらくそのときが私にとって初のAV鑑賞だったと思う。女教師やら女子高生やら設定のあるドラマやコスプレ衣装は安っぽさが否めず、演技も白々しく思ってしまったが、一方で普通の主婦といった様子の清楚な熟女(といっても20代後半かせいぜい30代前半だろうが、人妻で子持ちというだけで当時の私にはえらく大人の女性に見えた)が男たちの前では獣のように喘ぎ、身悶える変貌ぶりにはド肝を抜かれた。中でも「禁断の人妻リクエストビデオ」(ディープス)は印象的だった。人ってこんな風に変わるんだ。服を脱いでセックスをしたら、社会的な属性がたちまち消え去ってしまう。そんな景色を初めて見た。もちろんセックスで見せる表情すべてがその人の本性なんて言えないが、正しく秩序が保たれた日常では滅多に見ることができない無防備な他人の表情に私は魅了されていた。

　そしてそのころ、AVメーカー「ディープス」が社員を募集していると聞いた。大学を卒業したものの就活もせず、なんとなく派遣社員として事務職の仕事をし、空いた日には映像翻訳のアシスタントをしていたモラトリアムな時期だった。AVはほとんど見たことがなかったけれど、取り憑かれたように快感に酔いしれる女性たちの姿が忘れられなかった。

　面接に行くと即採用が決まった。履歴書の趣味の欄に「セックス」と勢い込んで書いたことは若さの証だったと思う。派遣の事務職は更新を待たずに辞めた。迷いはなかった。まだ20代前半の私は「嫌だったら辞めればいいや」と思っていた。「とりあえずやってみて、嫌だったらやめればいい」初現場に挑むAV女優のようなセリフである。

　離れて暮らしていた両親にも直接、話をした。黙っていてもよかったかもしれないが、私の性格的にそれはそれで落ち着かなかった。当時、ディープスはソフト・オン・デマンドグループでその代表は高橋がなり氏。ちょうどテレビ番組「¥マネーの虎」に出演していたころだった。久々に帰省した日、父親は不在だったため母親と自宅の居間で2人きりで話した。面接に行った際にもらったがなり氏の著書「がなり説法」をプレゼン資料とし、「アダルトを扱っているけれどあくまでも一般の映像関係の会社」ということを私は伝えた。もちろん母は、いい顔はしなかったが、声を荒らげて反対することもなかった。SODグループメーカーの社員が軽井沢で一堂に会し、泊まりがけでチーム対抗のリレーや球技をする「軽井沢合宿」の記述を見た母は「こういう行事は、あなたのカラーじゃないと思うけど」と心配そうに告げたのち「まぁ、やってみれば」と言っていたのをよく覚えている。後日、母から連絡を受けた父親からも特になにを言われることもなかった。晴れて私は「親公認」となり、AVメーカーの社員として働くことになったのだ。

これが私の親公認ストーリーだ。当時、会社の同僚にこのことについて話すと少し驚かれたし、今でもAVメーカーに就職したことを家族にどう言えばいいのか、と考えながら働いている人もいるかもしれない。

周囲の反対を押し切って何かを始め、それを続ける。それでもやりたいって一体、どんなことだろう。反対されても続けたい、やりたい、そう思えることとって人生何度あるだろう。自分の正しさを世間に少なからず否定されて、なおも続けることにどんな価値があるのか。そんな疑問が常に私の中に存在していた。そして同様な問いをAV女優たちにも聞いてみたいといつしか思うようになっていた。

なぜわざわざ大変なことをするの?

親に反対されても続けたいことってなに？

おそらくこれは私、自分自身への問いだった。自分自身を知りたくて彼女たちに問いかけていたのだと思う。

そんな問いに対して想像以上に多くの女優たちが真正面から向き合い、答えてくれた。必ずしも答えが出ている人ばかりではなかったけれど、答えが出ていない現実をそのまま受け入れている人もたくさんいた。ときに自分にとって都合がよくない過去の出来事も、イヤな顔をせずに話してくれる人もいた。きれいごとだけでは済まなかったり、白か黒か、善か悪かの二元論では割り切れない事情もあったと思う。人にとっては今さら触れたくないデリケートなテーマだった。ときに「AVに出てないあんたには、脱いだ人の気持ちってわかる？」と女優直々に言われたこともある。そんな中で改めて私は、他の女性の人生で食べさせてもらっていることを痛感したし、それならばどこまでも誠意を込めて記そうとも思った。

そんな中、快く取材に協力してくれた数々の女優たち、プロダクション関係者に改めて感謝の意を表したい。また本書を書き上げるにあたりAVメーカー、制作会社、出版社など業界の多くの方に多大なるご尽力をいただいた。揺れ動き続けるAV業界を去る人もいたけれど、その声はずっと生き続けている。また、初めての書籍化にあたっての私の個人的な不安を常に引き受けてくれた親友たちの存在がどれだけ大きかったか。幻冬舎ｐｌｕｓでのウェブ連載時から記事を拡散してくれた読者の方々の声がずっと励みになっていたことも記さなくてはならない。ウェブ連載の開始時から本企画を見守り、常に励まして併走してくださった幻冬舎の竹村優子氏には深く大きい感謝を。

2016年秋

アケミン

著者プロフィール

アケミン

・

1978年生まれ。幼少期をアフリカ、メキシコ、ブラジルで過ごす。大学卒業後、映像翻訳のアシスタントや派遣事務を経て、2003年AVメーカー「DEEP'S」に就職。その後、「アイデアポケット」に転職、09年退社、フリーライターに転身。現在はスポーツ新聞でのコラムや男性誌でのAVレビューを主に執筆中。またイベント「スナックアケミン」も不定期開催。本書がはじめての著作となる。

本書は、2015年8月～2016年7月まで幻冬舎plus（http://www.gentosha.jp/）にて連載された「親公認AV女優 裸になる娘とその親たち」を大幅に修正し、書き下ろしを加えました。
登場するAV女優たちの年齢その他は取材時のものです。

装丁
鈴木成一デザイン室

DTP
美創

日本音楽著作権協会（出）許諾第1614996-601号

うちの娘はAV女優です

2017年1月10日　第1刷発行

著　者　アケミン
発行者　見城 徹
発行所　株式会社 幻冬舎
〒151-0051 東京都渋谷区千駄ヶ谷4-9-7
電話　03(5411)6211(編集)
03(5411)6222(営業)
振替　00120-8-767643

印刷・製本所　中央精版印刷株式会社

検印廃止

Printed in Japan
ISBN978-4-344-03055-8　C0095
幻冬舎ホームページアドレス　http://www.gentosha.co.jp/

この本に関するご意見・ご感想をメールでお寄せいただく場合は、
comment@gentosha.co.jpまで。